認我行點字教學法

個別化意義中心取向的點字素養教育

I-M-ABLE:

Individualized Meaning-Centered Approach to Braille
Literacy Education

Diane P. Wormsley —— 著

王聖維、林祐鳳 —— 譯

I-M-ABLE:
Individualized Meaning-Centered Approach to Braille Literacy Education

Diane P. Wormsley

目錄

作者簡介

Diane P. Wormsley

- 北卡羅萊納州中央大學（North Carolina Central University）退休教授
- 執教超過 40 年（紐約盲人學校、澳洲、巴布亞紐幾內亞）
- 著有兩本點字教學策略專書（AFB Press）
- *Journal of Visual Impairment & Blindness* 前主編，現為副主編
- 在世界各地發表多篇點字教學策略論文

譯者簡介

王聖維

- 國立彰化師範大學特殊教育研究所博士
- 曾任視障巡迴輔導員、特教班導師、資源班教師、資優班教師
- 在世界各地發表二十多篇特殊教育領域論文
- 2021 年教育學術聯合年會木鐸獎得主

林祐鳳

- 國立臺灣師範大學特殊教育研究所博士生
- 曾任視障資源班教師、資源班教師、特教班教師、特教組長、臺北市教育局借調教師、臺北市教育局國民教育輔導團專任輔導員
- 發表十多篇特殊教育領域論文

推薦序一

　　《認我行點字教學法：個別化意義中心取向的點字素養教育》係王聖維博士及林祐鳳博士所譯著的一套富有創意、適合各年齡、相異於傳統的點字教學策略，以對兒童具有強烈情感意義和吸引力的關鍵詞彙進行點字素養啟蒙教學。

　　Braille Literacy: A Functional Approach 一書是 Warner 第一次嘗試描述如何運用以意義為中心（meaning-centered）的教學法，但「功能性」（functional）一詞往往讓教學者認為是開啟教學的詞語，是從日常生活技能活動中獲得，為了糾正這種誤解而重新命名為《認我行點字教學法：個別化意義中心取向的點字素養教育》（*I-M-ABLE: Individualized Meaning-Centered Approach to Braille Literacy Education*）。

　　本書內容較之於前書，除加深了學理基礎，也將點字素養教學的各要項，呈現出更結構化的教學步驟。內容涵蓋起手式、關鍵詞教學、追蹤、寫作、拼讀、二級點字及點字流暢性教學。各項點字素養教學也都有互動遊戲的示例說明。每個活動都是能引起學習興趣，又富教育意義的互動活動。相信這一套有理論基礎、有系統、寓教於樂的教學策略，能幫助各年齡層，甚至有其他特殊需求的點字學習者，在自然的互動中循序漸進培養點字素養。

　　聖維和祐鳳從大學、研究所到博士班，都在特殊教育領域鑽研。大學畢業之後也都隨即擔任視覺障礙巡迴教師及視障班教師，兩位都是實務及學理兼備的學者。他們除了盡可能忠實表達作者原意，也想辦法讓華文點字學習者能憑藉此書按圖索驥，我也十分認同這樣的理念。

身為聖維、祐鳳的師長，能看到他們多年來孜孜不倦地在視障教學領域努力，並主動積極地致力於點字教學策略之推廣與服務工作，在欣喜與感佩之餘，乃不揣簡陋，爰為之序。

國立臺灣師範大學特殊教育學系退休教授

中華視覺障礙教育學會創會理事長

張訓誥 謹識

推薦序二

　　身心障礙各類特殊需求學生，多多少少均有聽、說、讀、寫的溝通問題。溝通的方法很多，不限聽與說，還有點字、讀唇／讀話、手語、指語、筆談、圖畫、傳真、電腦、溝通板、手機、綜合溝通等管道，但是我們的社會常常忽略特殊需求學生利用其他管道表達情意的機會與權益。個人從事特殊教育 65 年來，經常碰到許多教師、家長表示，不知道怎樣幫助他的孩子解決溝通的問題。溝通訓練的最佳人選是家長與特教教師，溝通訓練最佳的場所是在家庭與學校。

　　2003 年我創立了中華溝通障礙教育學會。學會創立之目的，主要是為提升臺灣溝通障礙／聽語障礙／輔助科技等特教領域的學術研究，及提供特教教師、相關專業人員與家長，進修、研習、溝通觀念的機會，以增進其溝通訓練的專業知能。

　　而當今世界已邁入強調連接程度（connectivity）的工業 4.0（industry 4.0）時代，除了大數據、機器學習、人工智能及元宇宙等新議題之外，人類溝通的管道——語言更是受到前所未有的重視。如何在有限的時間裡進行良好的溝通，成為新世代的日常基本能力。

　　聯合國大會於 2006 年也決議通過《身心障礙者權利公約》，第 2 條「傳播」的定義，包括語言、字幕、點字文件、觸覺傳播、放大文件字體、無障礙多媒體及書面語言、聽覺語言、聽打員、報讀員及其他輔助或替代性傳播方式、模式及格式，包括無障礙資訊及通信技術。為能促進充分及平等地參與教育及融合社區措施，公約第 24 條也明訂，締約國應採取適當措施，聘用合格之手語或點字教學教師，包括身心障礙教師，並對

各級教育之專業人員與工作人員進行培訓。

110 學年度起，臺灣手語已正式成為本土語言的一種，這令我這個成立學會的創辦人，19 年來推動無障礙溝通觀念的努力，有點小成就而感到欣慰。另一方面，為視障學生在融合教育中，配合國家政策及《身心障礙者權利公約》，促進學習點字文件及培訓專業點字教師或人員，也是不可或缺之要務。

本屆中華溝通障礙教育學會秘書長王聖維博士，在協助溝障學會會務之餘，也身體力行，譯著：《認我行點字教學法》乙書，為視障者的溝通訓練推廣而努力，實屬難得。同時，本書為國內少數關於點字教學法的專書，結合理論與實務之經驗，並附有實例，對從事特殊教育及語言訓練之教師、準教師、研究生、家長或相關專業人員，亦為不可或缺之指引與良伴。有鑑於此，乃不揣簡陋，特予以推薦，希冀海內外特教界教師、家長、學生等各界，惠予推廣與採用！

國立臺灣師範大學特殊教育學系退休教授

林寶貴　謹識

推薦序三

　　海峽兩岸目前使用的點字符號，在中文方面，臺灣使用注音符號，而大陸地區普遍使用漢語雙拼盲文，澳門香港則採用粵語點字，儘管點字符號不同，但在點字閱讀與書寫的教學策略上卻趨於一致性。日前幫忙解讀「2016 年盲校義務教育課程標準」時，大陸地區盲校教師問我關於一級點字與二級點字的教學問題，雖然規定中學要教二級點字，但因為升學考試不考二級點字，在考試領導教學的氛圍下，點字的學習變成一個議題。

　　點字經由不斷地改進，主要是想讓點字讀者可以達到：隨意的閱讀任何一頁，可以跳頁閱讀、可以作記號、可以作成檔案、可以作備忘錄、可以閱讀圖表、可以閱讀專業或困難的材料、可以由被動聽眾變成主動參與的讀者，提供盲聾者閱讀的工具理想境界。優良的點字讀者閱讀流暢，不會一再觸摸同一字母，不會跳過內容，不會伴隨口誦，沒有習癖動作，且更能放鬆自己。

　　一般點字的教學，多數教師在一年級開始教點字閱讀，一部分教師於幼兒園時就開始做閱讀前之教學。有些教師開始以點字字母來指導閱讀，有些教師以整個字或有意義的句子來教閱讀。國外普通學校的點字教學有一半由資源教師擔任，三成由巡迴教師擔任，一成由導師擔任，一成由點字教師擔任；在住宿學校方面，九成由導師擔任，一成由點字教師擔任點字教學。而採用閱讀教學之方法有：基礎閱讀法、語音法、語言法、語言經驗法、修飾字母法等等，但並沒有研究指出哪一種方法是最好的，然而教師應了解每一種方法，以便於提供適當的方法。

　　《認我行點字教學法》一書是由國立彰化師範大學特殊教育研究所博士王聖維，和就讀於國立臺灣師範大學特殊教育研究所博士班的林祐鳳共同翻譯，全書中包括了追蹤多行點字，以有意義的方式進行寫作教學，與

學生共同創作關鍵字彙故事，用關鍵字彙教導拼讀、識字和縮寫，應用並拓展學生的閱讀和寫作辭彙，以及閱讀流暢性教學等內容。點字教學書籍的翻譯，要達「信達雅」境界並不容易，但聖維和祐鳳鑽研特殊教育多年，而且擔任第一線的視障教育工作，因此翻譯本書將更加傳神，相信此書將會是視障教育教師很好的參考用書。

國立臺灣師範大學特殊教育學系退休教授

杞昭安

于博愛樓 R101 研究室

推薦序四

　　現代社會要求每一個成員都具備熟練的文字閱讀與書寫能力，以適應日益變化的新資訊，視障者也不例外。儘管輔助科技（assistive technology）的推進，特別是智慧手機和掌上型電腦（如蘋果系列）的廣泛應用，視障者通過聽覺了解各種資訊似乎更為便捷。但視障者的閱讀方式是隨著年齡增長、自身和社會的需求、職業性質的變化而不斷調整，通過聽覺獲取資訊不是唯一的最佳通道。透過觸摸而學習目前仍然沒有過時，點字閱讀也是理解、精進的過程，同一內容可以反覆閱讀，也是獲取即時資訊的優勢。

　　從 1985 年開始，美國各州先後通過立法規定視障教育教師必須協助盲生培養點字素養。點字讀寫能力（braille literacy）是視障學生應具備的基本技能（Wittenstein & Pardee, 1996），使用點字及點字素養的高低可能決定視障學生的未來（余月霞，2009）。視障者從孩提時代到小學、中學、大學，乃至職業生涯、婚姻、家庭，都需要依賴點字材料來獲取資訊、凍結資訊（Paravanno, 2009）。因此，讓視障學生提早接觸點字、提早認詞、學習句子、逐漸增加閱讀興趣、提高點字摸讀能力，是視障教育教師的基本職責。通過點字讀寫媒介評量，評估出視障學生最有優勢的讀寫媒介，獲取最有效益的讀寫技能。

　　視障學生點字讀寫研究，需要每一名視障教育教師和研究者不斷關注。

　　點字摸讀速度反映了視障學生摸讀文本所用時間的長短，這是點字摸讀能力的主要指標（braille reading performance）。影響摸讀速度的因素有視障者的手腦協調、安置環境、失明時間等。其中，手指的觸覺感受性、左手與右手的協同配合、摸讀（移動）方式、認知理解最為重要。

　　文本閱讀一般是以讀者每分鐘朗讀或默讀的字詞量（words per minute，簡稱 WPM）作為速度指標（Dimitrova-Radojichikj, 2015）。摸讀點字與視讀印刷文比較，速度快慢因不同時期的研究結果而呈現出不同結論，或同等速度，或較為緩慢。緩慢時間也因不同研究結果而不同，差距在一倍至六倍之間。日本小學高年級至初中年級的視障學生與明眼學生視讀印刷文的速度比較結果顯示，1966 年的研究結果是平均遲緩 3.8 倍，1982 年的研究結果是平均遲緩 3.7 倍（佐藤泰正，1966；田克己、佐藤泰正，1982）。最新的文獻綜述也顯示點字讀者摸讀時間幾乎為同齡明眼讀者的兩倍（梁樂琳、諶小猛，2019）。因此，本人認為遲緩時間為二倍至三倍之間，較為客觀且常見。

　　20 世紀 80 年代中期開始，北京盲校和上海盲校分別提出了盲校小學生分年級摸讀要求。1993 年，青島盲校提出盲校一至五年級學生盲文摸讀標準。目前，中國大陸「盲校義務教育語文課程標準」（2016 版）規定，視障小學生盲文摸讀有分年級標準，平均每分鐘摸讀盲文音節數分別是：一年級 30 個以上、二年級 40 個以上、三年級 70 個以上、四年級 90 個以上、五年級 110 個以上、六年級 120 個以上。視障中學生平均每分鐘摸讀盲文音節數達到 140 個以上，但沒有各個年級的標準。中國大陸一項個案九年追蹤研究顯示：2011～2020 年的三屆 NB 盲校初中視障學生中文點字閱讀速度（一分鐘摸讀點字方數）分別是：七年級 354 方、八年級 340 方、九年級 363 方，2014 屆班級平均 352 方；七年級 303 方、八年級 418 方、九年級 257 方，2017 屆班級平均 326 方；七年級 245 方、八年級 215 方、九年級 179 方，2020 屆班級平均 213 方（袁東，2020）。不計算個別差異（視多障及低視力），三屆班級平均 297 方（折合音節數 149 個），仍然超過語文課標規定。

　　視障學生使用點字板／筆熟練掌握點字書寫技能，一般需要二至三年（李季平，2000）。手部靈活性、觸覺敏感度、手指力度以及點寫姿勢決定了點字書寫速度。20 世紀 80 年代中期，北京盲校和上海盲校分別提出

了盲校小學生分年級書寫要求。目前中國大陸「盲校義務教育語文課程標準」（2016 版）規定，視障小學生盲文書寫有分年級標準，平均每分鐘書寫盲文音節數分別是：一年級 20 個以上、二年級 25 個以上、三年級 30 個以上、四年級 40 個以上、五年級 45 個以上、六年級 50 個以上。初中視障學生平均每分鐘書寫盲文達到 60 方以上，但沒有各個年級的標準。中國大陸一項九年個案追蹤研究顯示：2011～2020 年的三屆 NB 盲校初中視障學生中文點字書寫速度（一分鐘書寫點字方數）分別是：七年級 76.5 方、八年級 68.5 方、九年級 68.5 方，2014 屆班級平均 71 方；七年級 61 方、八年級 75 方、九年級 65 方，2017 屆班級平均 67 方；七年級 52 方、八年級 44 方、九年級 41 方，2020 屆班級平均 46 方（袁東，2020）。不計算個別差異（視多障及低視力），三屆班級平均 61 方，仍然超過語文課標規定。三屆初中視障學生閱讀與書寫，群體有部分相關，個體則沒有相關（袁東，2020）。

　　中文點字與英文點字都是基於字母拼讀的認知閱讀，速度與品質都是心智正常視障者的真實閱讀體現。中國大陸與臺灣都缺乏視多障學生點字教學策略與研究，事實上，各個盲校的每個班級都有視多障學生，但運用點字熟練讀寫似乎較為困難，影響了他們書面資訊的獲取與交流。譯作《認我行點字教學法：個別化意義中心取向的點字素養教育》（*I-M-ABLE: Individualized Meaning-Centered Approach to Braille Literacy Education*）（作者 Diane P. Wormsley）一書，以意義為中心（meaning-centered），採用個別化教學策略教導學習困難的視障者，從詞語學習開始，激發學習動機，在學習詞句中訓練雙手摸讀技能，不斷擴大詞彙量，開展篇章閱讀學習，不斷提高視障者的學習成就感，增強學習自信心。本書強調診斷教學，「不斷分析學生的優勢和需求，特別強調基於以往經驗而形成有意義的教學」，使得點字教學既趣味又有針對性。本書儘管提供了英語點字教學策略，但很多內容都是操作性的步驟（如評估表、檢核表等），對漢語點字教學也有一定借鑒作用。視障教育語文教師可以在班級

集體教學、個別輔導直接運用。

　　本書譯者王聖維、林祐鳳夫婦是臺灣視障教育新秀，聖維已獲得國立彰化師範大學特殊教育學博士學位，祐鳳是國立臺灣師範大學特殊教育學博士候選人，兩位老師大學部和碩士班的專業都是特殊教育學，都有國立臺南大學視障教育師訓班進修經歷，目前分別是臺北市的小學、國中資源班教師，兩位老師在教學之餘，專注研究，已發表多篇視障教育專業論文。本人已在盲校工作 30 年，有幸結識兩位視障教育博士夫婦，能為他們譯作寫序，甚為榮幸。希望本書給全世界華語地區點字教學帶來啟示，為視障者提供更多的特教福祉！

寧波市特殊教育指導中心、寧波市特殊教育中心學校高級教師
華中師範大學教育學院特聘教授、校外導師
南京特殊教育師範學院特約研究員

袁東

參考文獻

田克己、佐藤泰正（1982）。盲人の點字觸読速度に関する研究（1）。書科學，**26**，131-136。

佐藤泰正（1966）。盲児の點字觸読に関する発達的研究。書科學，**9**，39-47。

余月霞（2009）。給台灣獅子會的新挑戰：贊助點字師資培訓提昇盲生的點字素養。**獅子會（中文版）**，**1**（2），55-57。

李季平（2000）。視殘兒童技能的形成。載於教育部師範教育司組編，**盲童心理學**，79-80。北京：人民教育出版社。

袁東（2020）。初中視障學生點字讀寫速度追蹤研究，2020 年兩岸溝通障礙教育學術研討會（臺灣臺北）演講論文。載于林寶貴、宣崇慧主編，**2020 年兩岸溝通障礙教育學術研討會論文集**（429-476 頁），臺北：中華溝通障礙教育學會。

梁樂琳、諶小猛（2019）。視障學生盲文摸讀表現的研究進展與啟示。**中國特殊教育**，**10**，62-70。

Dimitrova-Radojichikj, D. B. (2015). Students with visual impairments: Braille reading rate. *International Journal of Cognitive Research in Science Engineering & Education*, *3*(1), 1-5.

Paravanno, P. (2009). 點字對失明人獲取知識與機會的影響。第六屆中國信息無障礙論壇演講報告。2010 年 5 月 6 日。取自於 http://www.cww.net.cn/zhuanti/html/2009/11/4/20091141017397781.htm

Wittenstein, S. H., & Pardee, M. L. (1996). Teachers' voice: Comments on braile and literacy from the field. *Journal of Visual Impairment & Blindness, May-Jun*, 201-209.

譯者序

　　本書原作者運用以對學生有意義為中心的方法，提升學習者的點字素養。猶記得祐鳳興沖沖的和我分享此書，首次翻閱此書就深感：於我心有戚戚焉！這不就是我擔任特教班導師時，自編教材的方式嗎？當時我也是用學生感興趣的流行歌、電視節目為學生編寫語文課程，雖和 Wormsley 博士素未謀面，但閱讀此書卻能與之神交，當下就決定著手翻譯。不只是為了推廣點字素養教學，其中的原理，也可以推而廣之，運用到其他語文的學習。

　　點字是一種神奇的溝通方式。我在臺南大學師訓班學點字之時和祐鳳相識，此前只覺得點字是一種特別的溝通管道。某日和祐鳳在鬧區街邊並肩而坐，就在熙來攘往的人們喧嘩過街時，她的手指在我掌心輕快的舞出一連串點字碼，霎時間我感受到如宇宙大霹靂般的強烈衝擊！輕靈飛揚的指舞、加之直入人心的感觸。最震撼的是，即使喧鬧如市，彈指間我和祐鳳就離塵隔世，自成一世界。而且點字像歌劇一樣，即使看不懂，也會為點字的美傾心！點字鍵音優美高雅若琴韻、點字細胞迤邐不絕似街燈，加上點字傳遞出的智慧結晶，無一不令人心醉神迷。

　　承襲原文書名意有雙關，翻譯時就決意取雙關中文譯名。表面字義是認識自己可以掌握的字。另一個涵義是，不論如何山高海闊、即使身負重重枷鎖，點字素養在手，自能引領你於學海遨遊！

　　譯文主要由我先行敘寫，再由輔修英文的祐鳳勘誤及潤飾。和美國出版社接洽時，學務繁雜的葉瓊華博士特地幾次排出時間，面授機宜。為盡量降低文化及國情的差異，以完整傳遞作者原意，多次向留學歸國的聽語學專家林寶貴教授、呂偉白博士請益，師長們無不傾囊相授。為了造福最多的華語點字教學、學習者，也和大陸的袁東副研究員一再確認專業用

語。曾在報社任職的二舅蔡若瑟也主動幫我校前八章。心理出版社林敬堯總編輯不棄我和祐鳳是兩個學術新鮮人、並承蒙高碧嶸編輯細心校訂及耐心等稿……謝謝以上諸位貴人的鼎力協助，一併申謝！

　　翻譯期間也同時工作、進修博士班，有段期間詠禎、詠頡、詠樂必須比同齡的孩子更獨立，詠樂午夜夢迴哭著找爸媽時，詠禎、詠頡耐心的陪伴與安慰；拿不動鍋子的小手，卻要自行張羅三餐……。這一路很辛苦，但我們都在一起，你們是我前進的動力，謝謝你們。

王聖維　謹識
於溝通障礙教育學會

CHAPTER 1

細說從頭認我行

「認我行」（I-M-ABLE）點字教學法首次面世是在 *Braille Literacy: A Functional Approach*（Wormsley, 2004）這本書，書中介紹的教學法源自 Ashton-Warner 所著 *Teacher*（1963）一書中所述，相異於傳統的點字識字教學策略。Warner 在紐西蘭（中譯：新西蘭）指導毛利兒童的閱讀，以對兒童具有強烈的情感意義和吸引力的關鍵詞彙（key vocabulary words）開始教學。

Braille Literary: A Functional Approach 一書是 Warner 第一次嘗試描述本教學法如何運用：以意義為中心（meaning-centered）的方式將有助於施行在幾類高風險閱讀困難學習者的點字素養教學，其中包含各年級的視覺障礙學生、不同程度的視覺障礙伴隨其他特殊需求、視聽雙重障礙學生及其他在點字學習低成就的學生、從文字學習者轉換成點字學習各年段的學生、將學習英語作為第二語言的學生，以及近來失去視力且無法再有效閱讀文字的成年人。

在 *Braille Literary* 出版後的十多年裡，Wormsley 持續關注 Warner 施行此教學法於特殊需求的學齡學生，「功能性」（functional）一詞往往讓教學者認為啟蒙的字詞，應當從日常生活技能活動中獲得，顯然這種教學法需要不同名稱。為了減少這種誤解，Wormsley 重新命名為「認我行點字教學法」（Individualized Meaning-Centered Approach to Braille Literacy

Education），本教學法名稱應為教師使用該教學法時，對學習者的不同假設：以個別化含義為中心的點字教學法[1]都能夠學習閱讀。

　　本書旨在成為教師的教學資源。顯而易見，教師的問題需要更多的指導方法，以實際操作此教學法的各項構成部分，此為創造「認我行點字教學法」實踐指引的動機，其目的在於讓教師實施本教學法與視覺障礙學生一起進行課程。既可以此協助使用傳統點字閱讀方法有學習困難的學生學習點字閱讀課程，也可以作為教師的職前課程準備指引。

　　本指引中，認我行點字教學法適用對象包括：使用點字閱讀者（但學習閱讀進度有限的學生）、其他輕度至中度認知障礙，而教師感到難以達到教學進度的學生。雖然認我行點字教學法對於有其他類型學習困難的學生可能會有用，如英語學習者、聽覺障礙、自閉症或嚴重認知障礙的學生，但本教學法並非直接調整這些學生的特殊需求。

自成一派

　　正在閱讀這本書的你，可能是因為學生在學習點字時缺乏成功經驗，或是為特定的學生媒合合適的方法，並且正尋找不同的嘗試。這樣的你並不孤單，因為大約 60% 的視覺障礙學生（含盲生）有多重特殊需求（Bishop, 1991; Ferrell, Shaw, & Dietz, 1998），這些多重特殊需求的學生在傳統的方式下難以學習。

　　認我行點字教學法不同於傳統的閱讀教學法。本教學法的各個章節將深入介紹以下各點：

- 本教學法正式的閱讀教學從生字或生詞開始，而非以字母或注音符號為基礎。

- 個別化的教學，借鑑學生本身的背景和經驗，聚焦於對其有意義的

---

[1] 英文簡稱 I-M-ABLE，中文譯為「認我行」。

內容。

- 以學生為中心，課程是學生本位及學生導向。
- 教學和學習旨在考量學生經驗背景中的差異，包括早期識字教學和經驗方面的落差。
- 每節課都會培養學生參與、提升學習讀寫點字的動機。
- 每節課進行診斷教學。
- 以引起動機開啟點字閱讀教學活動，且將正確的手勢及手指訓練納入有意義的教材。
- 拼讀教學以「從整體到部分」的方式，始自學生已熟悉的字詞（Moustafa, 1997）擴展至不熟悉的字詞。
- 為便於學生理解，從對學生有意義的詞彙開始進行教學，以此基礎擴展學生的詞彙量，進而了解大千世界。
- 當學生有足夠的閱讀詞彙量以閱讀句子和故事時，就應在課程中增加點字流暢性練習。

如果有興趣了解這些教學內容的實證研究支持，可以在 Wormsley（2011）的研究中一窺全貌，並完整了解教學法的原理。

回饋學生

每位學生所使用的認我行教學內容都不同，因為在學校情境中，個別學生都有不同的背景和經驗。使用傳統教學法學習閱讀而有困難的學生，需要盡可能閱讀符合其經驗，且對其有意義的教材。要做到這一點，教師必需開始認識這些學生。

無法學習閱讀的學生常被教師或同儕認為不具備閱讀能力，而回饋學生意味著接受了他們，並且要學生表明何者為其所好（Kliewer, 2008）。所有學生都有其好惡，有喜歡以及不喜歡的事物，如果教師多加留意，學生會透露出這些喜好。要回饋學生而不對其施加價值判斷，並尊重學生的

好惡。某生最喜歡的活動和收藏，可能與另一位完全不同；甲生可能很喜歡玩一個有鈴聲的觸覺球；乙生可能沉迷於歌唱比賽節目和新的挑戰者。若對每個學生列出相同的詞彙清單，便是否認這些個體差異；因此會對學生做出回應的教師能了解學生的字詞清單是個別化的，根據學生的興趣，可以讓教師認識每位學生的特性，進而培養學生讀寫能力。

回饋學生的教師，會以預料之外的方式向學生學習。一位使用本教學法的教師從未聽說過歌手 Lady Gaga，直到她的學生要求 Lady Gaga 成為新的關鍵詞彙。在確定這名歌手的名字及存在事實後，研究 Lady Gaga 之餘，教師發現自己也開始喜歡 Lady Gaga 的音樂。當音樂響起，她和學生開始談論 Lady Gaga 和她的歌。透過教師對學生珍視的事物表現出興趣，師生意氣相投，並對學生選擇的音樂表示尊重。另一方面，當學生意識到自身能對教師／學生夥伴關係有所貢獻時，也提升了學生的自我認同。

使用學生經驗背景（基模）的重要性

閱讀的收穫，取決於閱讀過程（Anderson, Hiebert, Scott, & Wilkinson, 1985）。

閱讀時，每個人都會根據自己的基模或背景經驗，以及內容來解讀閱讀結果為何。具備適當的模式有助於解讀字詞、流暢的閱讀與理解閱讀的內容。了解學生的背景和經歷，可以使教師協助學生將背景知識，連結當前正在學習的內容，如此進而有助於學習新的想法和概念。教師更可確保學生應用適當的基模，協助解讀閱讀的內容。

例如，萬聖節時，教師正在為視覺障礙學生們大聲朗讀故事，其中出現一個令人聞之色變的角色——闇影。教師問學生闇影是什麼？大多數學生沒有回答。其中有一位學生則反應，當前學生較熟悉的電視節目中，一個名為「黯影」的角色登場了。教師意識到視覺障礙學生未曾聽聞這個名

字，因此沒有經驗，如在故事中使用的闇影，因此教師在次日提供相關課程，以說明闇影的含義並解釋其恐怖程度。一旦學生熟悉了闇影的概念，教師就再次講述故事。這一次，學生對故事中的闇影，以及故事中的孩童為什麼會害怕，表現出較佳的理解。

協助學生將過去的經驗應用在學習上，能讓學生更輕易理解閱讀的內容。第 2 章和第 3 章提供關於評估學生的建議，並了解學生的背景和經歷，以及對其最有意義的內容。

診斷教學的重要性

診斷教學是「根據學生當前需求，不斷嘗試各種教學策略和教材的過程」（Opitz, Rubin, & Erekson, 2011, p. 23）。「認我行」是一種診斷教學法，教學的重心是不斷分析學生的優勢和需求，特別強調基於以往經驗而形成有意義的教學。使用「認我行」點字教學法的教師能隨機應變，不斷尋求並使用學生的回饋和進步，用以確定課程內容以及如何調整課程節奏。「認我行」教師願意用課程計劃回應學生的參與，能意識並利用「機會教育」。學生本位的教學有助於維持學生的課堂參與和學習動機，並著重於所能之處，而非讓其學習難以持續。

雖然「認我行」操作指引是由本教學法的招式組織而成，但是除了為破題和導入關鍵字詞所需的入門功法之外，沒有固定的順序，說明每天如何導入或使用各種招式。此教學法著重在對學生及其所好的尊重與回饋。這也取決於教師是否能覺知在學生學習閱讀的過程中，何時可以達到何種表現。

認我行指導原則

在教學過程中要時時謹記，「認我行」建立在四個重要原則上（見圖

1.1）：引起閱讀動機、課程參與、個別化設計和成就感。這四個原則構成了「認我行」的一切基礎，如以下所述。

引起閱讀動機

與閱讀困難的學生一起上課的相關教學人員，會討論如何引起他們的閱讀動機。閱讀能力佳的孩童不需要再鼓勵閱讀，他們會發現閱讀困難的讀者無法發現的事：閱讀本身即回饋。讀一本書可以讓人感到興奮，就像贏得電子遊戲，或觀看好的電視節目或電影一樣。但是，如果孩童閱讀不佳，就無法體驗閱讀帶來的回饋。教師面臨的挑戰，是激勵閱讀困難的孩童成為能夠體驗這種回饋的讀者。

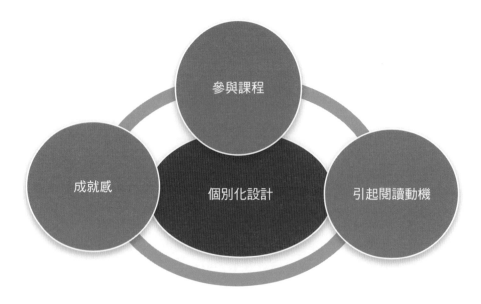

圖 1.1／認我行指導原則

課程參與

引起閱讀動機的關鍵是課程參與。閱讀的內容必須和學習者有關。當學生學習閱讀的字詞和故事能引起其興趣時，學生便立即有閱讀動機學這

些字詞或故事。

個別化設計

個別化設計或個人化設計是參與閱讀的關鍵，也是「認我行」的核心。不過閱讀時，適合每個人的引起動機可能不盡相同。如果教師要讓學生參與課程，需了解學生的喜好為何？啟動關鍵為何？這是「認我行」閱讀教學的起點。對於學習困難的讀者而言，如果能夠透過與讀者有關、精心製作的閱讀指導，以提高閱讀動機和課程參與，克服閱讀困難已經成功泰半。

成就感

如同大多數人不喜歡輸的感覺，孩童沒有成就感，也就不會有學習動機。重度視覺障礙伴隨認知障礙的兒童，可能已經有學習閱讀成效不彰的經驗，對他們而言，閱讀經驗可能並不愉快，所以自編能吸引學生並激勵他們的教學計畫極其重要。同樣的，也要讓孩童在學習閱讀和寫作時有成就感。為了確保能順利進行閱讀，「認我行」教師在確定能夠完成閱讀之前，不要求學生一定要有所表現。本教學法驗收學生學習成果的時間點，是教師有把握學生可以通過測驗時！在完成教學且學生能一字不差的閱讀生字或語詞時，才會請學生回答生字或語詞問題。

教師應該特別留意，務必讓學生得以完成所要求的任務。例如，引起閱讀動機的方法之一是玩文字遊戲。但是，如果學生不知從何玩起，就會對這個遊戲興趣缺缺。因此，認識所使用的字詞及建立遊戲規則的知識都很重要，教師可以使用**工作分析**（task analysis）來分解各種遊戲步驟，並在定位和配對遊戲卡片的同時，練習所使用的字詞。遊戲中的牌可逐次增加，保持課程的靈活度，建立學生的成就感，進而由其主導課程進行。

如何使用本書

本書中的每一章都涉及「認我行」點字教學法的一個招式並提供建議；教師閱畢可與學生一起按圖索驥。在進入下一章前，於教學法有不熟悉之處，建議教師與一位學生依樣畫葫蘆，演練一番當篇章節的建議。只要學生有些微進步，教師可以結合學習元素，應用於課程中，讓學生的進步得以持續。學習記錄至關重要，本書附錄提供各章節中所使用的表格，閱讀本書各章節後，教師即可將各種策略應用在課程中。

本教學法以完整字詞開始，並持續進行，直至學生建構足夠的詞彙量，但字母拼讀法也是該方法的重要招式。Wormsley 和 McCarthy（2013）發現，如果教師能夠將拼讀和文字建構技能的活動融入課堂，學生將會有更多進步。切記，確保學生在各種活動中獲得成就感，將有助於學生保持積極；讓學生「主導」自己的學習，更有助於維持學生的參與。

本書中詳細介紹「認我行」點字教學法的招式，內容如下：

- 起手式並以其介入早期識字教學。
- 協助學生選擇關鍵字詞。
- 關鍵詞彙及詞卡教學。
- 教導追跡（tracking），有效的用雙手閱讀多行點字。
- 利用科技輔具以有意義的方式教導寫作技巧。
- 用自選和自編故事與學生協同合作閱讀。
- 使用關鍵字詞與填充詞教拼音、字母或注音符號和縮寫。
- 應用並擴展學生的閱讀及寫作詞彙。
- 教導閱讀流暢性。

與學生一起使用「認我行」的決定，將開啟一段令人難以置信的旅程。以下一位教師的親身經歷可作為參考。這位教師與其學生 Hannah 一起進行此教學法，並每週記錄 Hannah 如何運用這種閱讀和點字的新方法：

Hannah 的新生字是「愛」，她學習時毫無困難。幸運的是，值此良機，這個關鍵字「愛」正好用來增強！另一個生詞是 Doll Kimmy，一個 Hannah 從小就喜愛的娃娃（展示一下）。

Michelle（Hannah 的母親）也抽空網購一些附有點字的小禮物送給她的朋友，包括家人（Hannah）的。Hannah 有這樣一個積極參與的母親，幸何如之？

Hannah 的進步比我想像的要快得多，簡直就像我最怕的飆車啊！……她此刻喜樂滿盈，還展現出我前所未知的幽默感。讓人難以想像，她一開始選擇字詞時，是選了「搗蛋」和「臭臭」！大家給她的正面評價與日俱增。

下一章將介紹此教學法的起手式，並提供早期識字活動的相關資訊，以確保學生掌握所有識字的基本要素。

CHAPTER 2

點字素養起手式

第 1 章介紹了「認我行」點字教學策略的基本原理,以及此學習策略對哪些類型的學生有幫助。這些學生是點字初學者,正在努力學習閱讀,甚至還不確定是否持續學習點字,有些還處於點字素養學習的啟蒙階段。一般來說,發展中的兒童學習閱讀時會經歷各種階段(表 2.1)。

視覺方面有特殊需求的兒童,可能無法順利度過這些階段。在「讀寫萌發」階段,有多重特殊需求兒童的發展,不像其他一般孩童身處有助於學習字詞和發音的環境,而視覺障礙孩童也沒有典型的兒童發展經驗,這些原因將導致他們在讀寫萌發階段長時間停滯不前。當多重特殊需求學生在學習字詞和發音時,較之於與普通兒童發展而言,有生活經驗聯繫意義的差異,所以這些學生在學習閱讀方面的進度緩慢,甚至停擺。因此,在「初階閱讀」階段從未開始學習閱讀策略的這些學生,需要策略來培養流暢的閱讀能力,進而邁向更高的閱讀水準。

本書所描述的點字教學法旨在協助讀寫萌發及初階閱讀階段進步較少的學生,從讀寫萌發階段進入初階閱讀階段,透過「教師」協助學生進入閱讀發展的更高階段。教師是協助學生順利進入各個階段的主因。

為達此目標,「認我行」與傳統的閱讀學習策略不同。前一章提到,「認我行」教學策略開始閱讀的重點在於整個字詞,而不是注音或字母(letters)。與典型的瞬識字(sight words)不同,這些詞對於特定的學

表 2.1／孩童閱讀發展階段

閱讀發展階段	定義
讀寫萌發 （emergent reading）	閱讀的啟蒙階段。 開始明白書上的字有特定的讀法，而英文單字是由字母組成。
初階閱讀 （beginning reading）	培養小學低年段閱讀所需的一系列技能，包括理解上下文脈絡的能力。 每分鐘約能閱讀 50 到 100 字。 正從學習閱讀轉向閱讀學習。
進階閱讀 （advanced reading）	培養小學高年段閱讀所需的技能。 使用閱讀進行探究和建構知識。 閱讀是學習新概念的主要方式。
學術閱讀 （academic reading）	高級閱讀水準，專門針對學術領域，包含高中和大學的閱讀水準。 已經發展出有的詞彙和概念，用於具體的學術領域，如化學、物理、政治學和經濟學。

資料來源：Reprinted from Kamei-Hannan, C., & Ricci, L. A. (2015). *Reading connections: Strategies for teaching students with visual impairments* (p. 6). New York: AFB Press.

生而言是非常重要而有意義的詞。然而，學習讀字只是為了培養讀寫能力，在識字早期階段是必要的一部分。欲增進閱讀能力，需增強的基本技能是聲韻處理、文字（或點字）覺識和口語（Whitehurst & Lonigan, 2003, p. 12）。

聲韻處理（phonological processing）──利用口語的聲音結構來學習如何解碼（decoding）書寫語（Wagner, Torgeson, & Rashotte, 1994, p. 74）──是透過兒童的聽覺語言發展起來的，並逐漸意識到印刷文字或點字與這些聲音的關係。聲韻處理的三個方式是語音敏感度（phonological sensitivity）、語音記憶（phonological memory）和語音命名（phonological naming）。語音敏感度是能夠聽到和操作口語的聲音；

語音記憶是讓兒童回憶關於聲音的資料；而語音命名讓兒童從長期記憶中檢索關於聲音的資料。音素（phoneme）是口語中最小的單位，音素覺識是能夠聽到和操縱這些單位的聲音（Kamei-Hannan & Ricci, 2015, p. 10）。音素覺識技能（phonemic awareness skills）是透過諸如押韻遊戲、字音拼讀教材（letter-word-sound materials）和字音相關的拼讀遊戲（Whitehurst & Lonigan, 2003, p. 24）等活動建立的，這些活動在早期的識字教學中發揮作用，進而培養出配對聲音和語言符號（印刷文字或點字）的能力（Hatton, Erickson, & Lee, 2010, p. 743; Whitehurst & Lonigan, 2003, p. 15）。這種聲音、符號配對的能力會轉化為解碼字詞（不論熟悉與否）的能力。

口語和認知（concept）發展是在早期的識字階段透過故事時間和共讀（家庭和學校）等活動來學習的。強調所閱讀教材的意義，凸顯提供識字媒介的環境，以及透過發展經驗，促進兒童理解其生活的社會文化環境（如與家人一起旅遊；到消防局、郵局、醫院、農場校外教學；關於家庭生活的討論等）。

年紀稍長的孩童可能會發現，點字素養活動多是針對聲韻處理和文字（或點字）覺識〔print (or braille) awareness〕，即使在口語和認知發展方面可能發展較慢，仍然需要專注於從各式各樣的經驗中拓展口語和詞彙。教師可能會發現，需要將早期點字素養階段的許多活動，與作為適合認我行候選人學生相結合。雖然本章著重於評估學生和起手式，但還包含許多促進學生點字素養的發展活動。

首先，教師需決定接近學生程度的技能，然而，教師除了評估學生的能力之外，評估學習環境也相當重要，以確定是否為適合學生學習所需的閱讀技能。

評估學生

帶領學生進入課程之前，了解其在點字素養習得方面的先備知識很重要。學生呈現出的讀、寫表現為何？蒐集學生既有的閱讀及寫作成果，據此衡量其進步程度。

有的學生可以讀出自己的名字或其他一、兩個字詞，但無法拆解該字詞的點字碼，即便簡單如「帽」或「衣」等字詞，也顯得無能為力。有的學生可辨別 20 個不同的點字碼，而同樣的點字碼卻只能判讀出其中 8 個或 9 個英文字母。教師不一定會教學生二級點字的縮寫，所以也就不一定認得所有字母的點字碼。有些學生能夠點寫出某些字母或單字，但相同的字可能讀不出來。有的學生需要加強寫作技巧；有些可能在拼讀或音素覺識方面的技巧不純熟。有些學生可能手不釋卷且有閱讀偏好，但也有學生可能不論紙本或點字的閱讀經驗都付之闕如。了解學生有什麼學習技巧並多和學生接觸是非常重要的，如此將可以在使用「認我行」教導新技能時，預先加強這些學習技巧。

蒐集基線期資料

圖 2.1 所示為基線期紀錄表，為教師提供了一種簡單的方法以確知學生讀寫程度，及其賴以為學習的讀寫技巧程度。此表蒐集的訊息包括：學習點字的動機；會讀的字詞、是否能認讀自己的名字、會念的注音符號等。此外，蒐集的資料也包含學生的點寫能力（詳見附錄）。

學習閱讀的動機和點字讀寫的態度很重要，在進行新的學習策略教學之前，蒐集學生閱讀動機和參與課程的資料，比在實施之後才蒐集更有成效。學生閱讀動機或課堂參與表現，將有助於確定方法是否有效，或是否需要做適度修正。當學生從事某事而沒有成就感時，可以預見不會有持續嘗試的動機（Malloy, Marinak, & Gambrell, 2010）。教師選擇「認我行」點字教學策略，通常是因為學生缺乏學習點字摸讀的動機，當學生學習對

自己而言有趣且有意義的教材時，學生的學習動機就會增加。

圖 2.1／基線期資料彙整紀錄表

姓名：＿＿＿＿＿＿＿＿＿＿＿＿＿＿＿＿＿＿＿＿

日期：＿＿＿＿＿＿＿＿＿＿＿＿＿＿＿＿＿＿＿＿

第一部分　態度：閱讀 vs. 點字

動機調查

指導語：「我會問你一些問題，是關於你對事物的感受，需要你針對這些詞回答『讚』、『還好』或『糟透了』。」（為了讓學生正確使用這些詞，你們要討論一下詞意。）

注意事項：

- 有時學生會偏好於某一、兩個選項。要讓學生知道必須如實表達。
- 請注意，有些學生只是喜歡聽或說某些字詞，例如，如果學生迷戀於問卷中使用的「讚」，那麼教師應該換另一個不會誘導他的詞語供其使用。
- 如有必要，請多次嘗試回答如下練習題。

動機調查練習題

1. 你對〔最喜歡的食物〕感覺怎麼樣？ 　□讚　□還好　□糟透了
2. 你對〔學生不喜歡的食物〕感覺怎麼樣？ 　□讚　□還好　□糟透了
3. 你對〔最好的朋友〕有什麼看法？ 　□讚　□還好　□糟透了
4. 你對〔學生真的不喜歡的活動〕感覺如何？□讚　□還好　□糟透了

- 持續做練習題，直到確定學生的回答是真實感受。並嘗試找一些中性的事物或活動，讓學生可以回答「還好」。
- 務必保持中性的語調，以避免引導作答。
- 一旦確定學生已理解如何回答問題，請將其答案記錄在以下各問題的表格中。（有 12 個問題。）

圖 2.1／基線期資料彙整紀錄表（續）

動機評估問卷

姓名：＿＿＿＿＿＿＿＿＿＿＿＿＿＿＿＿＿

日期：＿＿＿＿＿＿＿＿＿＿＿＿＿＿＿＿＿

以下各題請選出一個你覺得最合適的答案，你可以説「讚」，或是説「還好」，也可以説「糟透了」。

1. 如果有人念故事書給你聽，你的感覺如何？
   □讚　　□還好　　□糟透了

2. 你覺得學習點字摸讀的感覺如何？
   □讚　　□還好　　□糟透了

3. 你覺得學習點寫點字的感覺如何？
   □讚　　□還好　　□糟透了

4. 你在上點字課時的感覺如何？
   □讚　　□還好　　□糟透了

5. 教師請你摸讀點字時的感覺如何？
   □讚　　□還好　　□糟透了

6. 教師請你點寫點字的感覺如何？
   □讚　　□還好　　□糟透了

7. 你在閱讀課讀故事書的感覺如何？
   □讚　　□還好　　□糟透了

8. 如果以閱讀取代遊戲，你的感覺如何？
   □讚　　□還好　　□糟透了

9. 在你閱讀之後，教師問你相關的問題，你的感覺如何？
   □讚　　□還好　　□糟透了

10. 你閱讀故事書的感覺如何？
    □讚　　□還好　　□糟透了
    你以前有這樣的經驗嗎？
    □有　　□沒有

11. 當你朗讀故事給朋友或年紀比你小的小朋友聽時，你的感覺如何？
    □讚　　□還好　　□糟透了
    你以前有這樣的經驗嗎？
    □有　　□沒有

圖 2.1／基線期資料彙整紀錄表（續）

---

12. 你對閱讀測驗的感覺如何？

　　□讚　　□還好　　□糟透了

　　你以前有這樣的經驗嗎？

　　□有　　　□沒有

教師對於動機的補充說明：

第二部分　閱讀

辨識名字：每一行有三個名字；共三行

- 用學生的名字和其他兩個長度接近的名字進行評估。其他名字可以是朋友或家人的名字，其長度應與學生的名字接近。
- 自編類似以下例題的點字評估表。在三行中分別使用學生及其它兩個不同的名字，每行有三個名字，每個名字之間有三個空格。每一行名字隨機排列。
- 向學生說以下指導語：「摸讀各行點字並找到你的名字。你不需要讀出其他人的名字，只要告訴我，你的名字在哪裡。」
- 當學生閱讀時，不提供口語或其他協助，以避免幫學生認出他的名字，也不要指出答案是否正確。學生可以改答案，以最後一個答案為計分依據（即使第一個答案是對的）。
- 記錄學生每三次可以對幾次。

例題

評估 Jenny。用 Brian 和 Mommy 做干擾。

Mommy	Brian	Jenny
Brian	Jenny	Mommy
Jenny	Mommy	Brian

學生姓名辨識率：＿＿＿＿＿＿／**3**

圖 2.1／基線期資料彙整紀錄表（續）

辨識文字

學生是否能正確摸讀任何點字？請列出：

辨識字母

使用以下字母表，採用三行兩倍行高的字母製作點字評估表，每個字母之間空三個點字空白鍵。

g　k　v　t　b　e　o　l　h
z　i　j　p　f　a　x　c　r
u　s　q　m　w　n　d　y

- 向學生說以下指導語：「這是一張未照順序排的字母表，沒有縮寫，請告訴我是什麼字母。如果你不知道是什麼字母，只要說『我不知道』，再繼續念其他字母。」
- 不要提供任何有可能幫學生辨識字母的口頭或其他協助，也不要指出答案是否正確。學生可以改答案，以最後一個答案為計分依據（即使第一個答案是對的）。
- 使用以上的字母表，將學生的答案記錄如下：
  ◇在學生讀對的字母上記 +。
  ◇在學生讀錯的字母上寫上正確答案。
  ◇圈出學生不會的字母。
  ◇如果學生誤讀另一個字母為該字母，請不要將字母統計為正確摸讀。
  （例如，如果學生摸讀 x 為 x，但摸讀 y 時也念 x，則兩個字母都算錯。）
  ◇記錄學生可以正確摸讀的總字母數。＿＿＿＿ **/26**

辨識縮寫

學生認得任何點字縮寫嗎？請詳列於下：

圖 2.1／基線期資料彙整紀錄表（續）

第三部分　點寫

姓名點寫

學生可以自行使用點字機點寫名字嗎？

☐是　　☐否

生字點寫

學生可以自行使用點字機點寫任何其他字詞嗎？

☐是　　☐否

如果勾選是，請在下面列出這些詞，如果使用點字縮寫，請將該字用括號括起來。

字母點寫

學生可以自行使用點字機點寫任何字母嗎？

☐是　　☐否

如果是，請將會寫的字母詳列於下：

第四部分　音素覺識／自然發音

如果學生的評量紀錄沒有類似《早期基礎讀寫能力動態指標》（*Dynamic Indicators of Basic Early Literacy Skills*, DIBELS）或《德州基礎閱讀量表》（*Texas Primary Reading Inventory*, TPRI）的閱讀能力評量資料，認我行教師應與學區的教師合作，為學生做閱讀流暢度測驗。

基線期資料彙整紀錄表（圖 2.1）中簡單的 12 項動機調查問卷，可以作為閱讀動機的學前評估。教師記錄對學生學習動機或對閱讀態度的看法，也賦予彈性；還可以包括可能顯示動機的軼事觀察紀錄，例如：「有安排點字教學的那幾天，這個學生缺席率高達 85%。」或「學生曾向教師和父母表示，他不喜歡點字。」這個問卷應該在實施認我行點字教學策略之前進行，並記錄在基線期資料彙整紀錄表中。

聲韻（包括音素）覺識被認為是閱讀成功的主要指標（Lonigan et al., 2009; National Early Literacy Panel, 2008; National Reading Panel, 2000; Senechal, LeFevre, Smith-Chant, & Colton, 2001），因此，如果資料尚不健全，蒐集學生的音素覺識技能資料是重要的第一步。《德州基礎閱讀量表》（TPRI；參見參考資料）是一個易於實施的音素覺識評估。此外，還有其他一些測試可以評估音素覺識，例如《早期基礎讀寫能力動態指標》（DIBELS；參見參考資料）。

蒐集這種類型的資料，可以讓教師建立教學介入的基線期。建立自編的認我行學生學習檔案，使用本書所建議的基線期資料彙整紀錄表等表單放入學生檔案，或用活頁紙持續記錄學生的興趣和進步。例如，教師可以記下學生喜歡玩的遊戲和活動。

儘管認我行點字教學法是為輕度及中度認知功能障礙、學習點字有困難的高年級學生所設計，但教師也能把對象設定為中途失明且無伴隨其他特殊需求的學生、低年級或重度多重障礙學生，以及仍處於早期點字素養水準而可能無法利用該學習策略之所有秘訣的學生，因此無須接觸如上所述早期點字素養過程中的典型活動。這些學生必須有更多的觀察紀錄以充實基線期資料。

蒐集有關學生興趣的資料

使用圖 2.1 的表單蒐集基線期資料後，緊接著教師應蒐集有關學生興趣的資料。

確知學生興趣最簡單的方法之一，是跨家庭和學校情境觀察。雖然觀察的時機很難找，但如此一來，為學生設計課程時，將有事半功倍之效。教師越了解孩童，越容易將學生的經歷和興趣融入課程。如果無法親自在家庭情境觀察學生，次佳的做法，是與其家人討論學生的興趣和日常生活，與學生互動的特別人物，最喜歡的家人、寵物，學生特別喜歡參與的活動等。這些對話在選擇關鍵字詞時非常重要，如此才能根據學生獨特的經驗及喜好，做個別化的安排。

教師需要學習關於學生的各種資料，內容包含如下：

- 誰是學生在學校的好朋友？
- 什麼事是學生上學的例行性活動？
- 什麼活動是學生特別喜歡參與的？
- 有哪些事物是學生喜歡或討厭的？
- 什麼事物會讓學生害怕，避之唯恐不及？
- 什麼時候學生比較可能出現這些行為，不論是負向行為或正向行為表現？

儘管本書不包含蒐集此類資料的表單，但對於教師而言，在學生檔案的卷頭可以添加一頁，其標題為「關於〔學生姓名〕的重要軼事」應有所助益。教師甚至可以重新自編前列表單，作為搜尋學生資料的提示。接著可以在學生檔案中記錄這些資料，以及學生興趣和進步情形。如此，教師就可以記錄學生的興趣或經歷，這將有助於教師利用機會教育。秘笈 2.1 為關於學生檔案的指導原則。

評估學生的學習環境

除了評估學生，準備進行認我行點字教學法之外，重要的是要學生發現自己所處的學習環境，因為環境因素於協助學生培養讀寫能力時，有左右成效的重要作用。

兒童的學習環境包括許多因素：

秘笈 2.1

學生紀錄檔案指南

　　以下清單的要素，包括教師應保留的紀錄以及學生的學習歷程。有些可能是來自測驗的紀錄，有些可能是在學生紀錄簿活頁中的軼事紀錄。

1. 所有評量結果，包括基線期紀錄格式（圖 2.1）。
2. 關於各種主題的軼事資訊：學生的興趣、學生想學的字詞、教師所知的學生學習經驗，以及感興趣的閱讀方向。
3. 接觸生字、練習生字，以及何時學會生字的紀錄。
4. 學生已經學會或學習中的英文點字縮寫清單。
5. 學生已經學會或學習中的音素覺識／拼音活動紀錄。
6. 寫作：學生曾用過的工具、開始使用工具的時間，以及學生對點字規則的了解程度。
7. 學生為實現閱讀和寫作，所採用的方式。
8. 根據學生喜好所列的故事清單及閱讀書目。
9. 學生曾閱讀過的書單。
10. 持續記錄學生的摸讀速率（每分鐘幾個字）。
11. 關於學生享受閱讀的軼事資料（密切掌握）。
12. 學生在閱讀中使用韻律的成功經驗。

- 環境的知識氛圍（教師在課堂上對學生的期望、上課時融入的點字素養）。
- 社交／情緒環境（學生在課堂上的角色、師生比、師生互動情形、其他同學和教職人員對學生的態度）。
- 物理環境（教室的類型，教室的擺設，可用空間、設備、點字素養工具和書籍，噪音和其他干擾嚴重程度）。

　　本節的資料指出各環境中要搜尋的資料內容，以及理想情況下，認我行提供的活動類型。教師可以記錄缺少哪些活動，並提出如何將其納入各環境計畫。

知識氛圍

當學生學習閱讀遇到困難時，教師往往會下修其目標，貼近其點字素養水準。不幸的是，這會造成惡性循環。對學生學習成就期望越少，點字素養活動或課程也越少。與上課相關或日常生活技能活動，往往因此與日俱增，取代了學科時間，而未有嘗試納入任何相關的點字素養活動。

與其不再強調點字素養教學，不如改變指導學生的教學方法。因為認我行點字教學策略能依學生特質調整教學方式，有助於提高教師和學生的期望。教師需要有學生能夠持續進步的高度期待。如果教師不對學生培養點字素養技能抱以期待，也就不會積極提供並鼓勵學生參與點字素養學習。

在某些實際情況下，課堂上提高讀寫能力的嘗試，可能會讓學生避之唯恐不及。如果所閱讀的故事超出學生經驗和理解能力，且沒有任何嘗試，讓他們學習理解故事所需的新字詞和概念，學生輕則閱讀時神遊物外，更甚者將逃避課程。

視覺障礙學生及伴隨其他特殊需求的學生，存在許多概念理解方面的差距，而故事可以用來擴展概念學習和知識基礎。學生提供給教師的故事，讓教師先確定其知識和經驗基礎，並確知此故事對他們有意義。學生們也喜歡有人為他們讀童話故事。對於教師來說，確定學生能理解幻想和童話的概念，對於克服概念經驗缺乏十分重要。

以下問題，有助於評估教師為學生誦讀的故事是否能促進學習：

- 學生是否具有該故事的背景知識？例如，誦讀兒童最喜歡的《好餓好餓的毛毛蟲》（*The Hungry Caterpillar*），可以確定孩童是否有毛毛蟲的相關經驗。若否，請嘗試以該書為媒介，增加其體驗。利用毛毛蟲套組，通常可在科學用品店購買，讓學生真正體驗毛毛蟲──將它們握在手中，感受毛毛蟲結的繭，並體驗它們孵化成飛蛾或蝴蝶。

- 本書靠圖片使故事變得有趣的重要程度為何？是否能用實物代替圖

片？美國點字印刷所（American Printing House for the Blind, APH）提供的某些書有立體影像（tactile drawings），如此對於視覺障礙學生而言很有趣。

- 本書是否可以製作成雙視點字書（print/braille book）（書頁的字或圖片有點字覆蓋其上）？點字多多益善。若否，在為學生誦讀故事時，是否有點字副本供學生閱讀？

- 學生的興趣為何？一本書的旨趣與學生興趣越接近，學生可能越喜歡聽教師為他朗讀該書。

- 這本書是「可預測讀本」（predictable book）嗎？可預測讀本的特點是有重複的句型或短句。當教師為孩童朗讀時，孩童會樂於跟著讀本書的部分內容。秘笈 2.2 提供了一些孩童喜愛的可預測讀本類型相關建議。

本書末的參考資料部分，包括提供可預測讀本書目的網站，教師可根據學生興趣選擇這些書籍，並附上兒童點字書出版商清單（有些雙視點字書）。

除了坊間可購得的童書之外，教師根據學生經驗，自編對學生有意義的雙視點字書，以協助學生閱讀理解。這些故事可以根據日常活動、課堂觀察、家庭成員與教師分享的故事，或學生熟悉的假日活動等範疇自編。故事可以有好幾頁，做成每頁有一、兩個句型的雙視點字書。學生可以協助在書頁上製作立體影像，或黏貼實物以增強故事的吸引力，如下所示：

Leah 喜歡珠寶。她的教師創作了一本故事書供她閱讀，其中包括她最喜歡的各種珠寶。這本書的封面標題為《Leah 愛珠寶》（Leah Loves Jewelry）。Leah 喜歡的每種珠寶都單獨成頁。每一頁都有一個簡單的句子，如「Leah 喜歡腳鍊」或「Leah 喜歡她的項鍊」。每頁還有一個袋子，必須將其打開才能找到這件珠寶。每個頁面都有不同類型的袋子，並有不同的封

秘笈 2.2

可預測讀本類型

- **循環式的故事**。情節是相互關聯的,因此結尾可以追溯到開頭。Laura Numeroff 的《如果你給老鼠吃餅乾》(*If You Give a Mouse a Cookie*)就是一個循環式故事的好例子。

- **累進式的故事**。每次發生新事件時,都會重複故事中的所有先前事件。眾所周知的薑餅人(Gingerbread Man)是一個累積式故事的好例子。

- **固定模式故事**。場景在整個故事中帶點小變化重複出現,如童話故事《三隻山羊嘎啦嘎啦》(*The Three Billy Goats Gruff*)。

- **問與答**。在整個故事中重複相同或類似的問題。Bill Martin 的作品《棕色的熊,棕色的熊,你在看什麼?》(*Brown Bear, Brown Bear, What Do You See?*)就是這類讀本的好例子。

- **重複句型**。重複短句或句子中的字詞順序。Margaret Wise Brown 的經典《晚安月亮》(*Goodnight Moon*)就是一個例子。

- **押韻**。在整個故事中使用押韻的字詞、副歌或模式,例如 Deborah Guarino 的作品《你的媽媽是羊駝嗎?》(*Is Your Mama a Llama?*)

- **歌曲**。具有可預測元素的熟悉歌曲,例如重複句型。經典歌曲〈在草叢裡〉(Over in the Meadow)有許多可預測的元素。

資料來源:Reprinted by permission of Pearson Education from Vacca, J. L., Vacca, R. T., Gove, M. K., Burkey, L. C., Lenhart, L. A., & McKeon, C. A. (2012). *Reading and learning to read* (8th ed., pp. 275-276). Boston: Pearson.

口。例如,在「Leah 喜歡腳鍊」這一句子的頁面上,教師黏上一個小拉鍊袋子,並將一條腳鍊置於其中。Leah 和她的教師會讀書上的句子,接著 Leah 可以拉開袋子找到腳鍊,然後她可以把它戴在腳踝上。在關於項鍊的句子那一頁,教師為項鍊製作了一個字母封,用 N 次貼彌封。Leah 和她的教師會讀這個句子,而後 Leah 可以拉開 N 次貼找到項鍊並戴上。所以這本書是與所有不同的珠寶一起使用。在故事的最後,Leah 和她的教師可以

由後往前讀，也可以從頭再次開始，這次 Leah 將取下句子所提
到的每件珠寶，並將其放回袋子。這是 Leah 最喜歡的故事書之
一。

我喜歡錢幣。

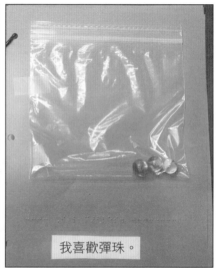
我喜歡彈珠。

我喜歡時鐘。

我喜歡球。

William E. Wormsley

照片出自教師為學生自編意義化的書。

　　透過閱讀和複誦這些有意義的故事，學生可以學習如何使用書籍、點字摸讀的感受，並寫下這些字聽起來的感覺。教師可以跟學生聊聊閱讀時如何拿好書、如何翻頁、如何在頁面上找到點字、如何沿直線追跡點字，以及其他學生學習閱讀所需的概念。

　　學生學習環境的塑造，除了為學生提供有意義的故事之外，另一方面是點字素養媒介的可即性。點字素養媒介的可即性可能被視為部分的物理環境，而實際上它是屬於知識環境，因為當學生能夠和點字素養媒介相契合時，學習效果就會提升。對視力正常的學生而言，文字在生活中俯拾皆是。相較之下，點字對於視覺障礙學生則不然。無論採用何種方法教導點字摸讀，在環境中增加點字的使用機會都極為重要。秘笈 2.3 和圖 2.2 為教師提供了建議，以確定學生的環境能提供豐富的點字體驗。請記住，僅僅在環境中安排點字是不夠的，更要指導孩童這些點字的使用時機及其含義。教師應該將口頭禪掛在嘴邊：「手指放在點字上！」

秘笈 2.3

創造一個豐富的點字和語言環境

1. 提供充滿點字的環境。
   a. 在環境中製作一些點字標籤，請學生探索在周遭環境中的點字何在。
   b. 閱讀雙視點字書故事書。
   c. 根據學生經驗自編有意義的故事書，並讀給學生聽。
2. 為學生示範使用各種不同類型的工具進行點字讀寫，例如：
   a. 點字機。
   b. 電子點字機。
   c. 點字板和點字筆。
   d. 電子記事本。
   e. 可刷新的點字顯示器。
3. 為學生口述影像和文字，以解釋周遭環境中發生的事情。

圖 2.2／點字環境檢核表

- 室內所有圖表及布告欄都要有點字呈現。
- 教室的每個區域都融合點字元素。
- 用標準尺寸的點字，並以便於學生定位和閱讀的方式呈現。
- 將點字融入主題諮詢和特殊體驗等類似的日常活動，讓點字成為兒童熟悉的字。
- 在學生的位置（cubbies）、餐墊和其他物品上附上雙視點字。
- 名字卡片和任何有點字的卡片，皆讓學生便於取得、隨時複製或閱讀。
- 鼓勵學生在自己的美術作品上，寫下自己的名字。
- 為每個孩童和家庭準備信箱，鼓勵親師溝通，也讓孩童了解，書寫訊息是課堂生活中不可或缺的一部分。
- 記錄學生活動的通訊，以雙視點字的方式與孩童分享，並定期寄送回家。

資料來源：Adapted from Strickland, D. S., & Schickendanz, J. A. (2009). *Learning about print in preschool: Working with letters, words, and beginning links with phonemic awareness* (2nd ed.). Newark, DE: International Reading Association.

　　本章所建議的活動，都是極佳的早期點字素養經驗。事實上，學習困難的學生何以至此？部分原因，是沒有如其他孩童可能擁有的早期點字素養經驗。或者，他們既有的經驗，可能無法讓他們以有意義的方式參與點字素養學習。基於各種原因，一名 16 歲的學生可能有多種因素，以至他無法如其實際年齡進行讀寫。為了協助學生培養點字素養能力，教師也必須了解，除了牢記學生發展上的心智年齡和經驗年齡，同時也必須將其學生的實際年齡銘記在心。

社交／情緒情境

　　在對特定學生開始進行任何新的學習策略時，重要的是評估學生當前所在教室的社交／情緒環境。授課教師、和學生一起上課的其他專業團隊，如何看待這次新的學習策略？是否將其視為是強加於生活常規？是否

認為這對學生有益？如何看待學生？是否看到了孩童的潛力？是否認為點字素養對學生很重要，抑或是浪費時間？班上的其他同學，與你將要合作的學生關係如何？是智力表現較好嗎？還是你的學生更勝一籌？是一般生嗎？是在特教班嗎？學生都是某一種特殊需求類型嗎？是否有口語表現？如何與學生互動，學生如何看待班上其他同學？

此外，了解學生的父母如何適應這種組合非常重要。他們如何和學生的教師相互聯繫？是否有良好的合作關係？父母是否需要讓孩童學習點字？他們是否支持使用新的學習策略？

在與學生實際合作之前，詢問有關社交／情緒環境的這些問題，並註記順序，是很重要的。教師應花一些時間來評估社交／情緒氛圍，並確定哪些因素，有助於所有相關專業團隊人員參與。記錄評估將提供一些基線期資料，以便來日確定認我行點字教學策略實施後，社交／情緒環境是否有任何變化。

最終，如果看到了學生的潛力，而父母和與學生相關的專業團隊，願意使用不同的學習策略，那麼便可以預期會有更多的進步，因為將有更多人參與學生的特殊需求課程。以下示例顯示了支持性社交／情緒氛圍所展現的差異：

> Hannah 的視障教師也是她的導師。她為 Hannah 的母親支持 Hannah 使用認我行感到幸運。母親小心翼翼地持續執行 Hannah 的進度：開始學習點字，並且能在家裡為 Hannah 擴充新字詞，也將這些字詞與 Hannah 的教師分享。此外，當 Hannah 開始成功學習閱讀時，關於她獲得新能力的訊息很快就全校皆知。Hannah 的教師經常讓訪客進入其教室觀摩 Hannah 的行動。Hannah 在受訪期間得到了很多正向支持，這增強了她對學習點字的正向感受。

• • •

另一名學生 Jeannie，其視障教師不是她的班級導師，未能在課堂上跟進認我行活動。班級導師覺得她為班級提供的讀寫教學對於 Jeannie 來說已經足夠了，然而 Jeannie 根本就沒有準備好學習閱讀。教師為孩童讀的故事過於艱澀，難以理解，所以學生經常無法跟上閱讀，只是靜靜地坐著。教師將這種被動行為誤解為興趣。

在 Jeannie 的視障教師開始認我行指導後，Jeannie 將學習閱讀點字發展為新興趣，她學習閱讀點字的進步神速讓母親感到欣喜若狂。隨著時間的推移，導師仍然不願意承認 Jeannie 的母親所經驗的事實，證明她的女兒用認我行學習策略是成功的。Jeannie 的父母決定將 Jeannie 安置到另一所學校，在那裡，班級導師表示支持這個學習策略，並延續課程。雖然 Jeannie 的視障教師擔心無法繼續她與 Jeannie 的認我行指導，但她能夠協助新導師理解認我行教學策略，而 Jeannie 在新的安置中，閱讀點字方面的學習仍在持續進步。

一旦學生開始取得進步，重要的是評估教師、教職員和家長如何看待這樣的進步。他們會否為此額手稱慶？看到學生正在取得的進步，是否感受到威脅，抑或是因為感到內疚，以至於無法盡快取得進展？必須確定團隊中所有成員都有貢獻，並且努力協助精熟新進度。每位相關團隊成員的參與都至關重要，因為學生從每位成員得到的讚賞和支持越多，就越有可能持續獲致成功。

物理環境

學生上課的物理環境與智力和社交／情緒氛圍同樣重要。多數時候，與學生一對一上課的教師（如本學習策略），沒有足夠的空間來充分進行教學活動或收納所需的教材。有視障教師習慣於在納尼亞王國（壁櫥裡）

上課，或輾轉於幾個空間。通常，主要考量是避免分散學生注意力，空間的大小倒是其次。當學生不得不忍受樂隊貼身團練，或是有其他同學在一牆之隔的教室裡尖叫時，請學生集中注意力無異於緣木求魚。教師應評估實施新學習策略的環境，並有足夠空間收納設備、適合兒童的家具，以及良好的隔音以便學習。

教學頻率

　　另一個需要考慮的問題是確定教學頻率。每週教師能用多少時間教導學生，這種新的學習策略？在招募教師進行認我行的初步研究時（Wormsley & McCarthy, 2013），請教師每週至少與學生見面兩天、一天半小時，並且可以與其他授課教師在課堂上加強認我行。幾乎在學生開始取得進步的同時，教師將會察覺到自身需要花更多的時間與學生一起，以有助於讓每個學生的成功臻於頂峰。

　　其中有兩位教師每天與學生在心無旁騖的情況下，進行超過三十分鐘到一小時的教學。這些學生雖然異質性高，但都在一年的課程中穩定成長（Wormsley & McCarthy, 2013）。其中一位進步良多的學生，視障教師也說服孩童的班級導師和其他專業團隊人員，在她未親臨時，持續執行她為學生留下的遊戲和課程。若無其他特殊需求的孩童，每天接受兩到三個小時的點字素養教學，則閱讀困難的孩童應該要投入更多時間，進行點字素養教學，而非更少。Koenig 和 Holbrook（2000）發表 Delphi Study 的研究結果建議，初次接觸點字者，每天應投入一到兩個小時。然而，在一般的情況下，學校環境較少為伴隨其他特殊需求的兒童進行點字素養教學。

建立支持系統

開始使用認我行點字教學策略的其中一部分，是確定願意參與協助學生使用這個學習策略的同仁。重要的是，必須盡早和其他相關的專業團隊協調，針對此學習策略達成共識。此時，要讓大家了解此教學策略的基本原理，並徵求同仁共同參與觀察學生，以決定學生的好惡，或進一步詢問對此教學策略所知若干？值此時機，討論你將與學生進行教學活動的場所，當你有機會讓其他專業團隊人員觀察你時，你該如何與學生一起進行，以便他們可以協助複製你教學的各個細節，並確定在課堂上，學生所使用的教材會被保留，方便後續使用。

當學生學習一些簡單的任務時，例如使用有報讀功能的語音讀卡機（Talking Card Reader）或將字卡分類到籃子中（如後文章節所述），這些活動可以融入課堂練習時間。確定融入課程最簡單的方法，是以大型字體明確的說明、指引，以便協助其他專業團隊人員保持一致性。將這些說明置於易取得之處，例如在使用讀卡機的桌子上，或放在學生桌子上方的牆上。在專業團隊人員與學生一起上課之前，以觀課方式進行職前訓練，了解教學如何進行，將大有助益。

與任課教師（classroom staff）及家長溝通非常重要。溝通並不限於口語方式，但團隊間必須保持一致性。如果一位教師在學生能夠獨立閱讀的故事右上頁折角，其他專業團隊人員應可以立即解讀這個訊息：學生能否在沒有協助的情況下自行閱讀，抑或學生是否需要其他協助。

起手式

教師在開始實施認我行點字教學法招式時所需使用的工具，包括本章提到的早期點字素養，是圖 2.3 和附錄中的認我行點字教學法介入檢核表。如果教師遵循本教學法，檢核表提供觀察者檢視教師根據實施原則為

每個要素做了什麼。定期參閱這份清單，也是教師可以如實遵循此教學法的一種方式。教師可以自行複製這份清單，並以之考核自己對該學習策略的每個教學招式。

視障教師知道需要協助學生變得更加獨立，並且要讓學生自己動手做。然而，當教師開始採用這個學習策略時，由於需要考慮很多新事物，可能會發現自己忘記為學生提供自立自強的機會。教師可能需要在教學時錄製自己的影片，以確定提供學生獨立學習的機會。這些影片也是記錄學生上課的好方法。教師可以使用認我行點字教學法介入檢核表（圖 2.3，本書的附錄也有）來評估是否正確實施認我行。

本章評量的類型，包含有助於教師評估較少閱讀成功經驗的年長學生類型，或者難以學習語言、閱讀的年輕學生類型〔例如將英文當作第二外語（ESL）的學生〕。早期點字素養（early literacy）的例子需要納入學生的認我行課程，以協助學生在點字素養方面持續進步。後續章節將討論認我行的各個招式，以供教師按圖索驥施展這些招式。

圖 2.3／認我行點字教學法介入檢核表

1. 起手式並納入早期點字素養教學
   □ 向學生展示點字中的字詞和字母。
   □ 示範點字讀寫。
   □ 為學生口述影像，以解釋環境中發生的事情。
   □ 向學生朗讀有意義的故事。
   □ 促進概念發展。
   □ 介紹並讓學生探索寫作工具。
   □ 建立利於學生學習的環境。
   □ 邀請其他人參與教學。
2. 選擇關鍵字
   □ 使用學生選擇的關鍵詞彙。關鍵字的出處如下：
      □ 與學生的對話中。
      □ 對學生的觀察。

圖 2.3／認我行點字教學法介入檢核表（續）

> ☐ 與學生生活中重要他人（父母、任課教師、專業人員等）討論；
> 與學生確認。
>
> ☐ 回應學生對其他關鍵字的選擇，並將學生的喜好納入課程。
>
> ☐ 從需求角度選擇字詞（例如，編故事時需要用到）。
>
> 3. 介紹關鍵字
>
> ☐ 前幾個字詞應在長度、功能等方面具有獨特的觸覺特徵。
>
> ☐ 為每個字詞製作多張字卡。
>
> ☐ 字卡製作務必正確（引入線盡可能越長越好、適當的間距、正確的
> 點字縮寫）。
>
> ☐ 為學生說明字詞，但避免以考試方式進行。
>
> ☐ 為學生展示如何使用字卡（找到引入線、雙手並用、引入線後的空
> 格緊接著一個字）。
>
> ☐ 完整介紹關鍵字；指出字的特徵。
>
> ☐ 精熟練習。
>
> ☐ 字卡背面使用防滑材質。
>
> ☐ 字卡與家具完美契合。
>
> 4. 追蹤技巧教學
>
> ☐ 將已說明的關鍵詞彙融入初始教學中。
>
> ☐ 融入有意義的「故事」。
>
> ☐ 確定行距至少是兩倍行高且長度相等。
>
> ☐ 確定引入線與字卡相同；關鍵詞彙前後都要空格。
>
> ☐ 示範雙手如何在線上移動（雙手合在一起，就像在字卡上一樣）。
>
> ☐ 示範摸讀時如何換行（雙手先回到本行開頭，再摸讀下一行）。
>
> ☐ 請學生找到字之後要做記號。
>
> ☐ 點字紙要用防滑背面。
>
> ☐ 確定每行的字詞數，與學生的程度相符（最初每行以一字為限，隨
> 著識字能力提高而逐漸增加）。
>
> ☐ 課程難度緊隨學生能力提升（包括不同行寬、同時摸讀多行、適用
> 單行間距的時機）。
>
> 5. 透過遊戲加強識字
>
> ☐ 在遊戲中複習使用過的字詞（應選學生有把握的字詞）。

圖 2.3／認我行點字教學法介入檢核表（續）

☐ 教學生如何玩遊戲（包括練習遊戲）。

☐ 確定可能參與遊戲的每個人知道如何玩遊戲。

☐ 記錄學生和其他人玩哪些遊戲、玩遊戲時能夠使用哪些字詞，以及學生與誰一起玩遊戲。

6. 寫作指導

☐ 使用後向連鎖策略（backward chaining）協助學生學習使用點字機。

☐ 將寫作納入學習策略的每個部分。

☐ 教學生如何正確的將手指擺放在字詞上（手指下方沒有捲曲或抬起）。

☐ 教學生在點寫後檢查所寫的文字。

7. 字母／縮寫教學

☐ 認讀字母可以單獨用關鍵詞彙的首字母練習。

☐ 自編介紹字母用的字母卡。

☐ 單獨使用字母玩遊戲。

☐ 一起玩字母和字詞的遊戲。

☐ 用關鍵詞彙的縮寫來練習認讀縮寫。

☐ 解釋縮寫的樣子和它代表的字母；使用字母來辨識縮寫（例如，「這是『t-h-e』，不是『the』」）。

☐ 介紹具有相同字母、讀音或縮寫的其他字詞供學生摸讀。

8. 字母拼讀法

☐ 對學生有所回應（教師應認同學生對特定字母／聲音組合的興趣）；將興趣融入後續課程中。

☐ 利用關鍵詞彙來構建拼讀課程。

☐ 利用關鍵詞彙的起始／押韻規律。

☐ 利用關鍵字的字形／音素規律。

☐ 從先備知識中學新字；Word Wall 活動（在適當的時機使用 APH Word Playhouse）。

☐ 用拼音玩遊戲；「tell me the real word」（Chunk Stacker 遊戲）。

圖 2.3／認我行點字教學法介入檢核表（續）

9. 與學生一起創作故事
   - ☐ 使用關鍵詞彙（與學生一起）自編有意義的故事供學生閱讀。
   - ☐ 根據需要使用填充詞來自編故事。
   - ☐ 與學生共讀，直到學生可以獨立閱讀。
   - ☐ 為學生建立學習檔案，放入其創作並可以閱讀的故事。
   - ☐ 幫學生創造為他人說故事的機會。

10. 增加點字的功能性
    - ☐ 利用生活常規。
    - ☐ 利用假期。
    - ☐ 與孩童的專長做連結。

11. 擴大學生的讀寫詞彙量
    - ☐ 經由討論增加讀寫詞彙。
    - ☐ 利用故事增加讀寫詞彙。
    - ☐ 利用拼讀活動增加讀寫詞彙。

12. 建立流暢性
    - ☐ 結合日常練習自動辨識字詞。
    - ☐ 示範閱讀故事的韻律感。
    - ☐ 提供支持流暢性的各種策略，如使用複述式朗讀（echo reading）、錄音和重複閱讀（repeated readings）等。
    - ☐ 注意故事措辭是否合宜。
    - ☐ 為學生提供每天閱讀接續性文本的機會。

13. 持續記錄
    - ☐ 在課程摘要表格中記錄每日課程（參見第 4 章和附錄）。
    - ☐ 持續更新學生已學會的字詞，以及上述每個類別下的進度。
    - ☐ 協助學生了解自己的進步並感受成功。
    - ☐ 將進步轉化為 IEP 的目標。

CHAPTER 3

字斟句酌關鍵詞

關鍵詞彙是吸引學習者，富有情感的詞彙。Sylvia Ashton-Warner 為學習閱讀困難的毛利學生自編關鍵詞彙學習策略，她寫道：

> 與孩童交談的時間多多益善，找出其關鍵字，那用以解鎖自己的鑰匙，閱讀的秘訣在自己身上，了解詞語可以如此扣人心弦。如流水般無情的話語，如同沒有靈魂一般。為賦新詞而強說，其弊猶甚於不教，可能會造成學生覺得「字詞與我無關，閱讀又有何益？」的反效果。（Ashton-Warner, 1963, p. 44）

蒐集與辨認關鍵字

以下是教師蒐集學生字詞用以學習閱讀的建議。

與學生討論

盡可能讓學生參與討論喜歡的事物，以及目前感興趣的話題。「採訪」學生，了解他們的日常瑣事，最喜歡做什麼，最喜歡與誰互動，以及所懼為何。Ashton-Warner 發現對孩童來說最重要的詞彙是「恐懼」與「性」兩者相關的字詞。她的學生選擇了諸如刀、戰鬥、骷髏、親吻和愛

等詞。她在紐西蘭的孩子，原本難以學習和視覺相關的字詞，但這些字詞卻如興奮劑一般，使彼等「讀到欲罷不能」。當孩童可以選擇想要閱讀的字詞，並且這些字詞對其而言有情感上的意義時，就會更加投入、更有閱讀動機。

觀察學生

觀察學生對環境的反應，並記下與這些經驗相關的字。有些孩童不擅於口語表達，可能無法向教師表達他們的興趣。然而，觀察到學生笑得花枝亂顫的模樣，或是其他非口語的表現，其喜好就隱於其中，這些觀察結果可以協助教師列出關鍵字清單。即使是表現出恐懼或厭惡的反應，也能羅織一些可以談論的事物，而任何引起反應的詞語，都可能是一個非常有效果的字詞。秘笈 3.1 呈現一些被羅列為關鍵詞彙的字詞示例，以及一個似是而非的例子。

與學生重要他人對話

徵求家長、任課教師、教師助理員、家庭成員以及與學生互動的重要他人協助，以找出學生高度關注的詞彙。徵求他人的協助找出關鍵詞彙有幾個目的，如此能協助教師更了解學生以及其感興趣的內容，並讓父母和其他人在參與孩童使用認我行點字教學策略的過程中，展現對學童的了解。這有助於建立認我行點字教學策略的團隊合作，此外也能促使彼等參與，並向教師提供重要資料。

學習學生最愛的人物及活動

談論孩童喜歡參與的學校、家庭和社區活動，及其喜歡與之互動的人。家庭和學校的日常生活都很重要。了解孩童最喜歡的人和活動，常可據以建議學生可能想學習的名字或字詞。此外，這也為教師提供了一些得以使孩童寓教於樂的資料，這些資料構成了教師和孩童在這個學習策略中

秘笈 3.1

找出真正的關鍵詞彙

Marcos，一個因發展遲緩（developmental delays）而完全失明的小男孩，由於英語不是他的母語，所以他的英語字彙很少。他的視障教師 D 女士發現他喜歡坐公車，他們一起唱著關於坐公車的歌，創作了一個關於坐公車的故事並錄音。Marcos 樂於參與此活動，該活動也提供了 Marcos 必須學的字詞。D 女士確定「公車」應該是 Marcos 的關鍵詞彙，並使用一套閃示卡作為他的教材。然而，Marcos 根本沒有興趣學習這個詞，並以逃避來表明。他將字卡放在「完成」的籃子裡。

直至某次和 Marcos 共讀的嘗試中，D 女士觀察到，當她說著「嘟嘟嘟嘟」聲，就像公車喇叭所發出的聲音一樣，Marcos 的腳尖開始上下搖晃，興奮地拍打著雙手。她自編了一組閃示卡，上面寫著「嘟嘟嘟嘟」。在向 Marcos 介紹「嘟嘟」聲後，D 女士很高興地發現，他學著去讀並長時間談論這個詞。她從 Marcos 的舉止中明白，這次她找到了一個可以吸引並促使他閱讀的關鍵詞彙。

另一位教師觀察她的學生正在玩一個表面有軟刺的觸覺球。她看到學生喜不自勝的玩這顆球，一遍又一遍不停地重複說著「刺刺球、刺刺球」，同時笑得合不攏嘴。她已經教學生幾個反應很好的關鍵字。但是當她介紹刺刺球時，學生樂不可支，以至於幾乎無法坐定。之後，她向其他人宣示：「現在我知道找到關鍵詞彙是什麼情形了！」

共同創作故事的基礎。

使用表格蒐集關鍵詞彙（參見圖 3.1 和附錄）或類似方法，蒐集學生經驗範圍內的字詞。

建立及分析關鍵詞彙表

如前所述，應該有很多對學生有意義的字詞。隨著新的潛在關鍵詞彙出現，教師可以將它們添加到清單中。成功使用這個學習策略的秘訣，是

圖 3.1／蒐集關鍵字的表單

用以蒐集字彙的提問	家庭	學校	社區
誰是與學生互動的重要人物？			
描述學生日常生活的詞彙為何？			
學生的嗜好，喜歡的事、物為何？			
描述學生學校活動和家務的詞彙為何？			

資料來源：Adapted with permission from Wormsley, D. P. (2000). *Braille literacy curriculum*. Philadelphia: Towers Press.

能夠分辨哪些詞語，引起孩童的真心參與和情緒反應。應標註這些字詞，這些是最能激發學生學習閱讀的關鍵詞彙。這些詞彙也可以是學生自己選擇的。

教師透過與家庭成員、任課教師和學生的對談，蒐集一份完整的字詞清單。這些詞對學生而言很重要，所有字詞都可以在教學時隨機使用。

然而，正如秘笈 3.1 中的舉例所示，找到對學生而言極具激勵性和意義的第一個字詞，將有助於引起動機。可以透過和學生共讀，根據學生的反應做判斷，以衡量所選字詞的影響。一旦確定所蒐集的詞彙是真正的關鍵詞彙或短句，則可以它們為核心設計教材。即便一開始關鍵詞彙清單可能很少，但是隨著與學生一起上課，了解越深入、接觸時間越多，添加到清單中的字詞也與時俱增。

一開始所需要的，就只是一個關鍵詞彙！選一個對學生而言似乎是最重要的字詞。得到學生的肯定，就會想要學習閱讀該字詞。由於這個學習策略的想法是從一開始就能獲得成就感，所以在起始時使用的字詞應具有差異性極大的觸覺特徵。一旦選擇了第一個字詞，下一個字詞在觸覺特徵

上應有顯著不同，例如長度、點字特徵、首字母或注音符號以及任何其他
可以協助學生區分它們的個別特徵，至少在剛進行時是這樣。為了協助確
定要教的字詞，請選擇與第一個字詞觸覺明顯不同的關鍵詞彙，將第二個
字詞以點字呈現，接著將其與第一個字詞進行比較，以了解它們彼此之間
的感受有多麼不同。確定兩者間的區別，並協助學生辨識出這種差異。同
前所述，如此巨大的差異對於獲得成功的認可至關重要。

　　每次添加新字詞時，請先思考如何協助學生辨識觸覺差異。盡可能使
用觸覺差異較多的字詞延續該過程。觸覺同質性太高的字詞，將難以讓學
生區分，並且可能導致習得無助。在學習閱讀的最初階段，保持字詞的觸
覺，有助於學生學習點字詞的感受，促使其成功辨識另一個詞，並協助學
生培養觸覺敏感性。

　　秘笈 3.1 的學生 Marcos 學會了嗶嗶，也想學習鱷魚。這兩個詞雖然
都是複雜的字，但是轉為點字，觸覺上則有明顯差異：嗶嗶，
⠿⠿⠿ ⠿⠿⠿，在兩個字詞的中間有一個空格；鱷魚，
⠿⠿⠿⠿⠿⠿⠿，在字首有一個點和兩條「線」。這些獨特的特徵協助
Marcos 學會區辨這些詞語。另一個詞，他的名字，很短，也很容易與其
他兩個詞區別開來。有了這三個字，他就能夠逐漸學更多字詞。

　　秘笈 3.2 包含一組字詞和短句的示例，這些字詞和短句，可能是另一
個學生的關鍵詞彙或短句。根據前述建議的指導方針，對這些字詞和短句
進行分析，得出了幾個被認為最有意義，且觸覺差異大的字詞。這些字詞
或短句在秘笈 3.2 中以粗體字顯示。

縮寫

　　在蒐集詞彙時，一些英文字詞將無可避免地包含點字縮寫（如秘笈
3.2 所示）。其中部分縮寫，將有助於使字詞與清單中的其他字詞觸覺差
異較大。有教師認為，以伴隨其他特殊需求的學生而言，點字縮寫對於學

秘笈 3.2

分析候用關鍵詞彙

選擇以下字詞和短句作為學生的候用關鍵詞彙。認為是最有意義的、觸覺差異性大的以粗體凸顯。

Elsa	⠠⠑⠇⠎⠁
Frozen	⠠⠋⠗⠕⠵⠢
Anna	⠠⠁⠝⠝⠁
Kristoff	⠠⠅⠗⠊⠌⠕⠋⠋
Mom	⠠⠍⠕⠍
Dad	⠠⠙⠁⠙
Elf [pet poodle]	⠠⠑⠇⠋
Frosty [drink from Wendy's]	⠠⠋⠗⠕⠌⠽
Uggs	⠠⠥⠛⠛⠎
chocolate chip cookies	⠡⠕⠉⠕⠇⠁⠞⠑ ⠡⠊⠏ ⠉⠕⠕⠅⠊⠑⠎

習閱讀來說太困難了。然而,由導入關鍵詞彙的方式而言,縮寫只是字詞的一部分,並且直到學生能夠辨識,並區分不同的字詞之後,才正式進行教學。學習閱讀這些字詞,會比教師所預期的容易得多。

進行認我行教學時,若字詞剛好是點字縮寫,就會直接教;因此,當學生提及縮寫或恰逢教學時機,就會直接教點字縮寫,但不會說明縮寫等級。為學生說明字詞時,順其自然使用縮寫。當拼讀字詞時,教師則透過字母來說明縮寫。例如,教 motion 這個單字時,教師不會將縮寫稱為「5-6 點 n」,而是將其稱為「t-i-o-n 字方」。寫作時,教師也會將其稱為「t-i-o-n 字方」,並解釋我們在點字機上用 5-6 點接著 n(1-3-4-5 點)點寫這個字方。

由於師生雙方對於學生有意義的對話內容持續累積,因此在學年之中所蒐集的關鍵詞彙清單也將逐漸擴充。起初,學生可能無法說出想要學習

的字詞，可是一旦發現自己的興趣影響了課程，並且還可以左右自己的學習方向，就會開始請求想學習哪些字詞。當學生開始提出要求時，教師應該盡快將其納入課程。忽略一個字詞的請求，就如同消弱學生參與自己的學習一般。

　　教師們應準備好進行一些有趣和令人振奮的對話，並徹底了解學生勝過之前所知！每位學生將有不同的字詞和短句清單及相異的經驗。教師也會需要一本隨手可及的筆記本（例如，第 2 章提及的學生檔案），用以持續記錄與學生的交談內容，並且有一部分，可以隨心所欲記錄新候用關鍵詞彙。這些對話為教師提供了背景知識，以之為學生閱讀體驗的內容，及日後可用於撰寫故事、介紹遊戲等教學活動的材料。

　　一旦教師列出了學生的關鍵詞彙清單，確定哪些詞語意義重大及較大的觸覺差異，就可以開始進行閱讀教學。下一章將討論教學生認識這些字詞的步驟。

CHAPTER **4**

寓教於樂選字詞

欲練神功，選詞必工！一開始選對關鍵字詞或短句，認我行教學法就成功了一半。在蒐集這些字詞的同時，教師將開始學習諸多關於學生感興趣的內容，以及哪些字詞可能引起學生學習點字的動機。前一章說明如何分析字詞清單，並選擇幾個相互之間觸覺差異大的字詞，一旦教師蒐集了這組字詞，就可以選擇要導入的第一個字詞。重要的是，讓學生有參與字詞選擇的意願。教師可以請學生先選擇，哪些是想要學習的字詞，或者根據學生的興趣，向學生分析，為什麼會以特定字詞作為首選，其理由為何？

一旦選定了第一個字詞，下一個導入的字詞則應選擇差異性最大者。秘笈 3.2 列出了候用關鍵詞彙清單。在這些字彙中，可以輕易辨識出以下三個在觸覺上彼此截然不同的單字：「Frozen」、「chocolate chip cookies」及「Uggs」。學生首先選擇學習 chocolate chip cookies。chocolate chip cookies 不止一個字，很長，三個字之間還有空格。Uggs 是剩下的兩個單字中較短的一個，恰恰是同時進行教學的不二選擇。這兩個單字的點字如下所示，劃線部分則呈現點字縮寫。

（chocolate chip cookies）

（Uggs）

不論或看或摸，這兩個單字之間的異質性判若雲泥。

在向學生介紹首先亮相的關鍵字詞或短句時，最為要緊的，是要討論字詞間的感受有何不同。教師需要協助學生以口語表達這種差異。學生將學習分辨不同的字詞長度（長或短）、點的密度（許多點或空格）或兩者兼具。有些字有明顯的觸覺特徵，獨一無二，因此感覺起來是如此的與眾不同。例如，字母 L 有一條向上的直線和一條橫線。必須依據學生的詞彙量，選擇描述這些字詞觸覺特徵的形容詞，但不需要先預習這些概念，可以在學習關鍵詞彙的同時說明。如果這些字詞是之前未接觸過的生詞，學習使用形容詞來描述關鍵詞彙的感受，將有助於學生了解這些形容詞的含義。

製作關鍵字卡

認我行使用點字閃示卡向學生介紹新字詞。這些字卡可以帶回家玩遊戲，保存在一個盒子裡，這樣學生就可以知道目前正在學習或與朋友分享的字詞、短句有多少。

自製字卡易如反掌。點字閃示卡有引入線（lead-in line）2-5 點，和相似的引出線（lead-out line）在後，點字在兩線之間。引入線旨在協助學生追跡以找到卡上的字詞。一旦學生在字卡的左側找到引入線，將手指向右移動就可以找到該字詞。重要的是在引入線之後和字詞之前，以及在字詞之後和引出線之前插入空格，以便學生可以學習辨識字詞的開始及結束位置都有空格。這也有助於引導或強化字詞的概念，即其兩側都有空格。每張字卡的右上角都有截角，以確認字卡的位置正確無誤。由於點字上下顛倒看起來雖然不同，但感覺仍像點字，切記確認字卡務必朝上。秘笈4.1 有關於自製字卡的說明。

初學點字的學生經常摩擦（scrub）點字，在每個字前後來回移動手指以試圖辨識。因為認我行更關注整個字詞的感覺，所以教師應該鼓勵學

秘笈 4.1

製作字卡

以下說明介紹如何自製字卡。引入線、引出線以及字前後的空格非常重要。沒有空格，學生可能很難找到字首和結尾。

字卡尺寸

- 卡片大小至少要 3×5 英寸（一般照片大小）以上，4×6 英寸更佳；越長越好。
- 使用長而窄的卡，以利日後可以將字卡與句卡結合。

定向

- 字卡以水平方向放置。
- 字卡的右上角截角，以協助學生字卡定向。
- 使用 2-5 點引入字詞。
- **字詞之前空一格。**
- 點寫關鍵字。
- **字詞之後空一格。**
- 用 2-5 點打出一條線引出字卡。

相同關鍵字製作多張字卡

字卡不必相同；字詞的位置也無須有差異。相同的字詞複製多張字卡。

- 避免從字卡上的其他特徵（如凹凸或粗糙處）記憶字詞。
- 多感官觀察字卡，例如有剩餘視力的孩童，可以目視閃示卡。
- 提供多元化的課程，學生有一整套的字卡可供操作，而非經常只看到同一張字卡。

結合點寫教學

如果學生已經知道如何點寫，可以讓學生使用點字機或者點字板和點字筆協助製作字卡。

生流暢的越過引入線移動到字詞，並繼續跨越字詞而離開引出線。這種對整個字詞的關注，有助於發展更順暢的追蹤動作。從辨認整個字詞開始而不是辨認字母（注音符號）可以減少學生摩擦的頻率。

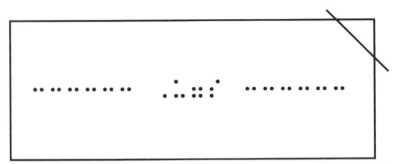

字卡除顯示點字 Uggs，還有引入線、引出線，以及字詞前後的空格。

認識第一個關鍵字

　　一旦選擇了第一個字詞，也為每個字詞編製了許多字卡，就可以進行第一個關鍵詞彙教學。這不是玩猜謎遊戲，即使沒有換下一張字卡，教師也應該在每次閱讀時，告訴學生字卡上的字詞為何。教師在向學生說明這些字詞時，學生同時也必須學好以下兩種技能：

1. 不用摩擦而可以平順、正確的追跡。
2. 學習敘述，摸讀這些字詞變成點字時的感覺：辨識字詞的重要特徵，以便學生再次接觸這些字詞時能夠精準辨識，從而使學生具有足夠的詞彙量，與將來要學習的其他字詞進行比對。

　　一開始教師需要投入些許時間，教學生如何流暢的追跡，同時仍然能夠辨識字詞前後的空格，而投入多久時間則端視學生造化。教師需仔細監控孩童的手指在哪裡，以確定覆蓋文字中點字方（braille cells）的頂部和底部。教導學生流暢並準確的追跡，與此同時，教師也要與學生討論對字詞的感受。為了讓學生精準描述，教師可能必須幫學生開發新詞彙。認我行將此稱為「摸讀描述教學」（teaching the language of touch）。

　　隨著學生用手指完全覆蓋點字方，逐漸形成流暢的追跡技巧，追跡和手指放好的指令可以逐漸褪除，並且可以有更多的時間，讓學生描述不同

字詞間如何區辨其相異的關鍵特徵。

追蹤教學

在學習追蹤技巧時，應該教導學生以雙手閱讀字卡，並盡可能多指（理想是總共 4 指）。雖然如此將導致學生們第一次學習摸讀時多花一些時間，不過一旦學生知道如何移動手與手指，就可以更專注於字詞本身。在閱讀關鍵詞彙或短句時，有幾個讓雙手運用更有效的訣竅。

止滑桌面

首先，要確定字卡背面為防滑材質，以防止字卡在桌面上滑動。如果字卡背面不能止滑，可能導致學生不得不用一手來固定字卡，而只剩另一手來閱讀；抑或是不得不請教師協助壓著字卡，無一良策。如果學生必須壓著字卡，則有一手會錯過閱讀學習；如果是教師必須出手固定字卡，將無法記錄學生的閱讀成效，或學生移動手指的觀察資料。

曾有教師發現，如果閱讀教材夠大，大到可以覆蓋學生的整個桌面，如此一來不僅可以保持字卡的位置，還可以防止其他物品從桌面上滑落，如課堂上用來分類字卡或教材的籃子。在 10 元商店出售的橡膠止滑墊，通常和百貨公司販賣的高貴同質性商品同樣有效。在購買之前檢查止滑程度是否足夠，因為某些類型的止滑墊較平滑，保持字卡定位效果不佳。

手指正確摸讀位置

適當的手指定位，包括盡可能多用幾根手指摸讀，並利用手指指腹而非指間摸讀。鼓勵學生盡可能保持雙手的其他四根手指（中指及無名指）與點字行接觸。雖然起初練習雙手併用模式必須多花一些時間，但值得推廣以正確定位。即使一開始，學生不能將其他四根手指放在點字行上，教師至少要確定兩根食指摸讀，而中指盡可能接觸點字。一開始用雙手閱

讀，最後學生學會雙手分開進行閱讀，從而使手部運動模式更有效率。

　　首次向學生介紹字詞，並教導正確的手與手指運用時，教師需提醒學生，手指的第一個關節不能彎曲，以便指腹能夠感覺到下方點字方的整個寬度和長度。有時學生為了讓每隻手的四指排成一列而彎曲手指，如此可能會導致學生使用指尖，而未讓指腹完全覆於點字上。務必確定學生使用指腹摸讀，因為使用指尖時，可能感覺不到完整的點字方，並且會錯過字母或注音符號的關鍵特徵。教師必須示範正確的摸讀姿勢，並讓學生有時間適應正確的手指定位。

　　確定學生的手指，覆蓋所閱讀的點字方頂部和底部。建議教師，即使確定學生已學會了正式的手指定位，也要頻繁進行抽查。有時學生會讓食指憑空閱讀，或抬起其他手指，而非讓手指與點字行接觸。也可能會緊張，專注於食指的感受。如果學生不能將其他四指放在點字行上，教師應該鼓勵學生放輕鬆，盡可能也用其他四指摸讀。

順暢的追跡

　　如前所述，教師需要為每個字詞製作多張閃示卡，且每個字詞前後都有空格以及引入線、引出線，引導學生順暢的在字詞及行列間轉換。鼓勵學生保持手與手指，從左到右流暢的穿過引入線、空格、字詞或短句、空格直至引出線上。這些空格對於協助學生區分字詞與引導至關重要。如果學生在某個特徵停下來，請提醒，如果想要記住或找到某個特定特徵，可以隨時返回行首，並再次查看該字詞。

　　如果學生始終難以將手指放在引入線的中心位置，請嘗試引導學生去感受食指指腹中心在點字列的感覺。如果他們仍然有問題，請用 1-3-4-6 點打成一行——⠿⠿⠿⠿⠿⠿⠿ 或一行字母 X——表示行。鼓勵學生將指腹放在「軌道」的中間，這樣就可以同時感受到頂部和底部。使用 X 引導手指放在正確的位置，以便在摸讀時，感受字詞中點字方的頂部和底部。必須統一引入線、引出線的格式，用在學生的所有字詞。若否，不同的字

詞使用不同格式的引入線或引出線，學生可能會將不同的點字行與字詞做錯誤連結，這將消弱學生使用點字本身進行識字的連結。

對於一些學習閱讀點字低成就的學生來說，摩擦可能已成為一種習慣。如果學生在開始這個學習策略時，已經學了一些字母，可能習慣上下摩擦點字以辨識它們，也可能將這種摩擦技術，應用於正在學習的新字詞。在此情況下，教師需提醒，摸讀是掌握整個字詞的感覺，而不是單個字母或注音符號，並且能夠透過不同的特徵辨識該字詞。當學生保持手指順暢的在字詞上移動，且不會在某個點字字方上下移動時，才能做最佳的辨識。如果學生開始摩擦，教師應令其回到點字行的行首並重新開始，專注於保持追蹤順暢。

聚焦於整個字詞

一開始，教師不應請學生辨識字詞中的字母或注音符號，也無須讓學生辨識字母或注音符號的感受。使用傳統教學法進行點字教學的教師，可能會發現，很難不讓學生詢問手指下的字母或注音符號。切記！切記！現在正進行認我行！因為學生對傳統教學法反應不佳，即使學生能夠辨識字母，在此時單獨辨識字母或注音符號，只會降低辨識整個字詞的能力。教師可以向孩童解釋，可以隨心所欲反覆摸讀字詞，但應該保持手指在字詞上順暢的移動，而非上下摩擦。通常，當使用引入線時，學生不會嘗試摩擦。在多數教師反應，當學生開始使用關鍵詞卡，並發現沒有被要求辨識單個字母或注音符號，而是鼓勵在整個字詞中保持平滑移動時，學生的追蹤能力大為提升，甚至摩擦習慣也戒除了。

教師每節課都應持續觀察，學生是否有摩擦，以及學生手指與點字行保持接觸是否有困難。即使學生手指運用正確且追蹤順暢，也應該保持警覺。

摸讀描述教學

　　學生未必有足夠的口語表達能力描述點字的感受。當教導新字卡時，應請學生多摸讀並觀察幾次。教師需要確定，當其手指在點字上移動時，學生是否能夠感受到該字詞的辨識特徵。接著，教師和學生需協力決定描述這些特徵的語句。

　　以特徵觀之，教師可以詢問學生：是否覺得字詞或短句中有很多點，或有缺口？這些點是集中還是分散？這個字首的形狀感覺是否高大？它位於指腹的哪個位置？在頂部？在中間？如果學生一開始未能辨識出該字詞的關鍵特徵（例如，首字母很高），則教師應該提示該特徵，並示範可以使用的語句。可用 Swing Cell（帶有可調式凸點的點字方模型，可在美國點字印刷所購得，第 8 章有詳細討論）展示，讓學生了解字母或注音符號的模樣。放大的點字方，使學生能夠體會在閱讀時的感受，而教師則示範，在談論這些字母或注音符號的特徵時，該用哪些形容詞比較適宜。

　　此時，學生不需要知道字詞中的字母或注音符號。如果學生碰巧學會了一些字母且認出來，教師可以讚美學生記性頗佳，接著重複協助辨識整個字詞的點字特徵。但是，如果學生還不知道任何字母，只需辨識和描述字詞或短句的字首感受為何？此外，該字詞是否還有其他觸覺特徵？

　　將這些觸覺特徵相異的字詞或短句做連結十分重要。例如對於 pizza，⠏⠊⠵⠵⠁，教師可能會形容其字首一開始的形狀是直的或高的，頂部多了一點。試著去判斷 zz（⠵⠵）的形狀，是否具有彼此相鄰的兩個空間，以便學生容易辨識。與學生一起尋找字詞中其他明顯的特徵。在開始教任何字詞之前，請選擇字詞或短句的一、兩個重要特徵，讓學生用以辨識字詞，並說出一些適用的形容詞。

　　確定每個字詞的字首或相鄰處，至少有一個特徵也很重要。（之後教師會補充字詞中幾個重要特徵，包括字本身的形狀，但一開始要先為學生準備足夠的形容詞來做描述。）熟練的點字讀者摸讀字詞的前兩、三個字

方，再根據文章的脈絡及閱讀經驗就可以辨識出該字詞，這加快了摸讀點字的過程（Kusajima, 1974; Millar, 1997）。因此，雖然學生可能會在字尾注意到一些重要的觸覺特徵，但不應該教導孩童將字尾的辨識當成唯一特徵，教師應該試著將學生的注意力集中在字首的感受，以及整個字詞的感覺上。字尾觸覺上的明顯特徵成了一條可有可無的線索，而非字詞的唯一提示。

如果學生試圖描述一些與眾不同的特徵，教師須仔細聆聽。但學生未必能以準確的詞語描述感受，因此教師必須與學生合作，才能構成對其有意義的字詞，如此方能擴展學生的詞彙量。教師可以記下學生學過的字詞，以便在適當時機使用該詞彙。

透過這個學習策略，學生不是採用點字摸讀準備課程（例如不同於點字的各種紋理和形狀）學習觸覺辨別，而是利用點字本身學習觸覺辨別和點字感知。這意味著本教學策略，是直接讓手指去感受觸覺辨別和點字感知。

教學之初，教師可能難以同時兼顧摸讀描述、正確的手指運用和追蹤。如果是這種情況，教師可以試著在兩者之間交替。確定學生感受到點字方的頂部和底部非常重要，以免在討論摸讀的感受時，因為沒有感受到整個點字方，無法將感覺與手指下的字詞連結。在開發摸讀的形容詞時，仍不可忽略點字時手與手指位置。

綜上所述，摸讀描述教學技巧如下：

• 讓學生有機會隨心所欲重複探索字卡，鼓勵探索。

• 手指務必放在點字行上。

• 每個字詞準備多張字卡，方可讓學生練習整理字卡，並學習在好整以暇的情況下獲得新字卡。

• 有共同的形容詞區分特徵。

• 使用商定的形容詞，描述學生要學的字詞。

• 在學生閱讀時，聊聊字詞對學生的意義。

• 請學生摸讀時大聲報讀。

教第二個關鍵字

　　一旦學生以這種方式探索了一個字詞，能夠反覆閱讀和說出這個字詞，並且（透過討論它的辨識特徵），可以描述怎麼學會這個字詞，就是介紹第二個字詞的時機了。第二個字詞，由教師仔細選擇與第一個字詞有觸覺差異者，讓教師知道，孩童是否已確實學會辨識第一個字詞，需要有兩個詞來區分，以確定孩童是否能辨識。

　　第二個字詞導入的過程與第一個字詞相同。教師製作字卡，討論字詞的感受，協助學生為不同的特徵選擇適當的形容詞，確定學生將手指放在正確的位置，並讓學生反覆閱讀字詞。當學生兩個字詞都完成這個練習流程時，就可以開始比較字詞。

　　為了比較兩個字詞，可將兩張字卡分別置於學生的防滑桌上。教師提示這兩個字詞為何，先說明左邊字詞的特徵，再說明右邊的字詞。（如果學生左右不分，也不必特地停下來教其區分左右，只要能確認學生可以區分兩個字詞即可。）以下是教師比較兩個字詞的例子：

　　　　你已經學會了 pizza，⠏⠊⠵⠵⠁，以及 Nathanial，⠝⠁⠹⠁⠝⠊⠁⠇。左邊的字詞是 pizza，所以讓我們來看看 pizza。還記得我們討論過 pizza 字首的感覺嗎？（等待學生回答，如果沒有回應，請再次口述影像，與學生一起複習。）現在讓我們看看 Nathanial。還記得我們談過這個字的感覺嗎？說給我聽聽。（先暫停，確認學生記得的內容，接著確定學生是否能口述影像，如果沒有反應，請再次提供描述這兩個字的形容詞。）

　　　　好！現在讓我們看看 pizza 和 Nathanial 有何不同。先看看

pizza。開頭有一個高大的字母，中間有一點空空的，最後有一個點。接著讓我們再看看 Nathanial。底下有一個點，這個點是大寫的意思，因為 Nathanial 是一個名字。這是誰的名字？（讓學生回答。）還有什麼地方和上一個字不一樣？（如果學生沒有說它比 pizza 長，請提醒學生。）

Nathanial 的開頭並不像 pizza，但它的結尾是一個高大的字母，對嗎？而且它更長。

教師持續進行，直到孩童能以形容詞敘述兩者間的明顯差異，並且可以在沒有提示的情況下，分別或同時呈現時都能辨識這些詞。評估學生是否可以自行區分這兩個字詞，說明如下。

第二式

追蹤複數點字行

在學生練習閱讀這兩個字詞後，教師描述兩字詞的字首特徵，讓學生閱讀關於這兩個字詞的短篇追蹤故事，可能會有所幫助。追蹤故事透過自編「故事」讓學生精熟正在學習的字詞，以提示學生在點字紙上搜尋已知的關鍵詞彙，其中包含每行都有關鍵詞彙的引入線和引出線。自編故事教導追蹤，以別出心裁且有趣的方式，加強學生熟悉的字詞辨識（關於更多追蹤故事的開發和使用資訊，請參閱第 5 章）。

開始認字

接下來是評估學生是否可以自行區分這兩個字詞。舉其中一種方法為例，教師對學生說：「我有 pizza 和 Nathanial 兩張字卡。讓我們來複習一下。」將兩張字卡放在學生桌子防滑墊上，再次檢查，來回摸讀，討論這

兩個字有何不同。接著將其中一張字卡放在另一張上面。讓學生拿起兩張字卡，並將它們放回防滑墊上，一張在左，一張在右。稍待片刻，讓學生試看看是否能夠辨識這兩個字。如果學生在幾秒鐘之後，都無法辨識，請讓學生再次查看左邊的字，為其說明這是什麼字，再一次強化這個詞的重要特徵與學生的關係。教師可以說：「這個詞就是 pizza。還記得它開頭有一個高大的字母，是不是很短呢？」

　　一旦確認學生能夠區分這兩字，就取走兩張字卡，拿出兩個字的其他幾個副本，把它們混在一起之後，放在學生面前，告訴他們這堆字卡混合了 pizza 和 Nathanial。把字卡給學生，請學生選擇第一張字卡後，放在止滑墊上。桌面和字卡堆由學生掌控至關重要，避免幫學生挑好字卡，再放到學生面前。學生獨立完成程度越高，就越能以自我指導方式學習，讓學生有機會掌控一切。

　　等待學生放好字卡並認字。如果學生未能在二到三秒內認出字，請告訴學生這是什麼字，就如同上課一般，且提醒學生該字的辨識特徵。盡量避免直接詢問學生這是什麼字，而是說：「好了，現在你面前有字卡，就是這個字。」接著停下來看看，學生是否能說出這是什麼字。如果學生認得這個字，會告訴教師。反之，如果學生沒有馬上告訴教師，教師可以自然的說出這個字。接著，教師可以再次敘述該字的顯著特徵。每當學生從字卡堆中選出個別字卡時，教師可以等待一段時間以觀察學生是否可以認得該字。

識字測驗

　　當教師確定學生已經認得這兩個字並能將其正確區分時，就是識字測驗的時機了。進行測驗之前，教師可以詢問學生，是否想要針對上述這兩字的敘述做個測驗。（教師可以根據學生對字的反應來決定是將其稱為測試、調查還是其他名稱。）測驗時，教師將混合的一疊字卡給學生摸讀，並請學生念出來。教師應該記錄嘗試次數、正確字數，及任何需要再加強

之處。理想情況下，應在學習或比較這些字的課程結束時進行評估。但若是來不及在課程結束時施測，下次上課開始時，教師應該先複習這兩個字相異之處，再進行評估。

教師應針對學生的努力學習及傑出表現，給予積極的正向回饋。務必謹記：成就感可以提升持續學習的參與和動機。

精熟度

在識字測驗時，務必力求每個字詞達到百分之百準確，才能增加新字詞。學生可以在測驗中獲得滿分，但未必意味著學生精熟測驗中的字詞。精熟意味著學生無論何時都可以認得這字詞，不僅在測驗時，閱讀時亦然。

一旦教師認為學生能夠準確辨識前兩個關鍵詞彙，教師就可以繼續教另一個字詞。從現在開始，教師將一次教一個新字詞，接著將新字詞與之前學過的字詞進行差異性比較，以學習更多重要的觸覺特徵。

屢試不爽的正確率，將有助於學生在閱讀故事時認得這些字，並提升閱讀流暢度。然而，教師會發現，隨著學生學習的字詞數量越來越大，需要對學生所學的所有字詞進行全面評估，以確認精熟程度。

每個月，教師應針對學生所學的字詞進行精熟度測驗，以確定學生識字可以達到自動化的數量為何。圖 4.1 中有完整的字詞學習紀錄、練習日期和精熟度的示例，包括每個字詞的教學日期，以及每月的準確度測驗分數。準確度分數反映學生是正確讀取字詞（記為＋）還是錯誤（記為－）。Ben 的教師在 11 月份開始和他一起上課，這張表格列出了一月份他在關鍵詞和填充詞彙方面的進步程度。填充詞是學生開始使用關鍵詞彙閱讀簡單故事時所需的字詞。這些詞彙被稱為填充詞，因為它們是以造句的方式，把關鍵詞彙之間的空格填滿。例如，「我」和「喜歡」這兩個字詞是填充詞，加上關鍵詞彙「糖果」，寫出諸如「我喜歡糖果」之類的句子。（填充詞在第 7 章中有更詳細的討論。）

圖 4.1／為 Ben 填寫字詞學習紀錄、練習日期和精熟度

學生姓名：Ben

字 a	教學日期	練習日期 b	精熟日期	9月 正確與否 c	10月 正確與否	11/21 正確與否	12/21 正確與否	1/21 正確與否	2月 正確與否	3月 正確與否
bumpy ball K	11/1		11/21			+	+	+		
the F	11/14		12/17			-	+	+		
scratchy K	11/22		12/9				+	+		
ball K	11/28		12/13				+	+		
red F	11/28		12/7				+	+		
blue F	11/28		12/7				+	+		
yellow F	11/28		12/7				n/a	+		
likes F	12/2		1/23				n/a	-		
see F	12/2							+		
(contract.)	12/7		12/13				+	+		
like K										
Mommy K	12/13		12/15				+	+		
cupcake K	12/14		12/21				+	+		
we F	12/16		1/5				n/a	+		
and F	12/20		1/5				-	+		
snow K	1/5		1/13				-	+		
it F	1/10		1/26				-	n/a		

a K = Key 關鍵詞彙；F = Filler 填充詞

b 每個上學日都會練習摸讀、認讀，有時一天會練習兩次。如果我不在學生的學校，學生的任課教師或是教師助理員，在學生閱讀時會坐在旁邊。

c ＋＝認讀正確；－＝認讀錯誤

確定課程進度

在教師開始教新字詞，以及進行精熟度評估之前，難以預料在一週內，或是在課程中可以教多少字詞。如果教師對課程的節奏有疑問，應該徵詢學生意見。如「你今天想學讀『巧克力』嗎？」這些簡單的問題，說不定能傳達給教師所需的資訊。保持課程內容靈活多樣，以便學生可以每天做不同的事，是教師首要考慮的因素。

手指發麻

當學生的手指開始「發麻」時要警惕。對於不習慣摸讀大量點字的學生來說，需要一段時間來提升對感覺的容忍度。起初，學生的手指可能20分鐘之內就會發麻，這取決於實際上手指在點字上的時間。一旦在課程中手指發麻，教師就會發現學生感知能力下降。教師甚至可以預先發現手指發麻，因為學生重複認讀字詞的頻率逐漸提升，突然無法認出原本已經能夠辨識且熟悉的字詞特徵。

教師要提醒學生用心體會這是什麼感覺？知道何時手指可能會麻木不堪。這一點非常重要，否則學生可能會覺得點字過於艱辛。一懷疑學生手指發麻，立刻請學生停止點字並從事其他活動，一段時間後再回來使用字卡。

機會教育

利用「機會教育」使學生朝著認讀字母（注音符號）和縮寫的最終目標前進。以下是當教師利用對學生的回應做機會教育時，可能發生的對話：

教師：來，這是你的字卡，「lollipop」（棒棒糖）。我有一疊字卡，都有 lollipop 這個單字。

（學生拿第一張字卡。）

教師：很棒！你找到了截角，而且閱讀時，字卡在正確的位置上。手放的
位置也很好。我們一起用雙手沿著引入線找到 lollipop 這個單字，
接著繼續沿著引出線讀到最後。

太棒了！現在讓我們再做一遍，看看你能不能找到這個單字有什麼
特別的地方？這個單字是什麼？

學生：lollipop。

教師：對！你最喜歡的零食之一！

學生：（雙手摸讀字卡，但沒有說什麼。）

教師：好！現在再試一次，看看你是否發現到了什麼。

學生：（雙手摸讀字卡——仍說沒什麼。）

教師：這次你摸讀字卡時，看看你是否可以在字開頭，找到像棒棒糖棍子
一樣的東西。你有找到嗎？

學生：是的，在這裡。（先把手指放在第一個 l。）

教師：太好了！讓我們再試一次，這次當你說「lollipop」這個單字時，
我想起了字開頭有一根棒棒糖的棍子。它讓我想起 lollipop。

學生：（笑；雙手移動。）

好棒！ lollipop 有什麼口味？

教師：我不知道。你最喜歡什麼口味？

學生：chocolate（巧克力）。我喜歡 chocolate lollipop。

教師：也許我們改天可以來學「chocolate」這個單字！（在課程計畫上寫
下 chocolate，作為另一個要學的候選單字。）

學生：（興奮狀）好喔！太棒了！

教師：當你摸讀時，有沒有發現 lollipop 這個單字，其實還有另外兩根棒
棒糖的棍子。你能找到嗎？兩根棍子靠在一起！

學生：我找到了。後面更多！

教師：是的，還有另外兩根，但它們與棍子不太一樣，因為它們上面真

的有棒棒糖上面那顆糖果的點。在這裡，換 Swing Cell 登場，我讓你感覺一下不一樣的地方。（向學生展示 l，接著讓學生看到差異。）

教師：等你點字閱讀再熟練一點，你就可以很容易地感覺到它們之間的差別。所以花些時間讀 lollipop 這個字。找一下棒棒糖，看看這個單字中有多少根棍子。上面有許多棒棒糖，對吧？

學生：沒錯。

教師：你能告訴我 lollipop 的開頭是什麼嗎？

學生：是 /1/。（念出聲。）

教師：沒錯。這個音的字母是 l。你正在讀 l 開頭的 lollipop。這是你找到的一根棒棒糖棍子。

學生：對。

教師：我們以後會有更多討論。你在讀「lollipop」這個單字時表現很好！

複習

　　重點是要再次檢查，學生用於任何遊戲或活動之前所教的字詞。檢查字詞並不意味著測驗。在複習課程中，教師向學生說明，將再次檢查學生已經會讀的字詞。教師將字卡放在學生面前，介紹每個字詞，請學生摸讀，稍候片刻，看看學生是否會自告奮勇念出來，接著驗證學生是否正確，再告訴學生這個字詞為何。如果學生主動說出了錯誤的答案，只需鼓勵學生這是一個很好的嘗試，並說明這個字詞是什麼。可以這麼說：「你試著努力回想，很棒！這個詞是〔填入字詞〕，你可以這樣記〔填入重要特徵〕。」

　　剛開始，教師複習時，一次不應超過三個字詞。當學生認得越來越多的字詞之後，教師可以逐漸增加複習的字詞數量。每複習一個字詞時，教

師都必須將其與已複習過的字詞進行比較。在複習課程結束後，學生應能牢牢記住每個字詞的特徵，並能在教師的協助下，區分這些字的不同特徵。

強化識字的課程及遊戲

當學生能夠準確認得兩個以上的關鍵詞彙時，應該能夠用這些字詞進行一些遊戲。遊戲可以強化識字，寓教於樂。教師可以和學生討論，詢問是否有任何喜愛的遊戲。這些討論可能會衍生一些新的關鍵詞彙。教師要讓學生知道，可以用學過的字卡來玩遊戲，而且這些遊戲能在家裡，或與其他同學、教師或教師助理一起玩。教師可以邀請與學生一起上課的其他人觀摩遊戲教學，以便了解如何進行遊戲，以及遊戲進行時應該使用哪些字詞。（如果其他人不會點字，請將字寫在字卡上低視力學生看不到不顯眼的地方，在關鍵的觸覺特徵所在之處即可。）

進行遊戲的密技

以下是與學生一起玩遊戲時，有效的訣竅：

- 讓學生在遊戲和活動中動一下，換換位置。並非所有活動都必須坐下來。試著改為動態遊戲和活動，可以站起來或四處走動。例如，學生可以站起來玩大風吹或是「雙雙對對」（在下一節中描述），給學生活動全身筋骨的機會。
- 鼓勵同儕加入。如果在字卡背面貼上說明標籤，其他同學就可以協助學生練習識字。還可以一起玩「物以類聚」或「雙雙對對」。這使得閱讀遊戲更愉快，同時也能增強閱讀字詞或短句的學習。
- 學生精熟關鍵詞後，才進行遊戲和活動。切記，當學生一直讀錯字詞時，遊戲就不是那麼有趣了。這些遊戲應該用學生可以完全閱讀無誤的字詞。

以下描述的遊戲只是建議。教師可以與學生交換意見並修改，變化多

端，其樂無窮。

雙雙對對（Concentration）

這遊戲可以隨時隨地和兩個以上玩家同樂。選 4 到 12 張字卡，點字面朝下置於格線中。可以用一大張止滑墊，用毛根黏成框線，用以區隔字卡，方便放置或更換字卡。（如果坊間市售的遊戲，剛好可以放置字卡的大小，也可以直接利用。）每個玩家發一個容器裝字卡。第一玩家先翻一張字卡，並念出來，再翻讀另一張字卡。如果兩張卡字詞一樣，即表示配對成功，玩家將兩張字卡放到自己的容器裡。若未配對成功，就一樣點字朝下放回原位，必須確定所有玩家都知道字卡所放置的位置，並盡量記住字卡在哪一格。各玩家依序操作，直到所有字卡配對完畢。遊戲結束時，容器中最多字卡者為優勝者。

物以類聚（Sorting Games）

給學生一疊字卡，兩個容器，學生大聲念出字卡的字後，將字卡放進相對應的容器中。一開始，可以相同的一個字放一個容器，認讀的字逐漸豐富之後，容器也可以隨之增加，或是改為其他分類方式，而不是照字分。例如名字放一個容器，食物放另一個容器，端看學生選擇學習的字詞為何，決定如何分類。

誰不一樣？（Which Two Are the Same?）

這個遊戲以三張字卡為一組，兩張相同，一張不同。教師將每三張字卡為一組以迴紋針夾在一起。學生左側籃裡放一組牌，右邊是一個空籃子。學生從左邊的籃子裡拿出一套牌，取下迴紋針，將字卡放在面前的防滑墊，接著讀取字卡。學生將不一樣的字卡放在右邊籃子裡；剩下的兩張相同字卡用迴紋針夾在一起，也放在右邊的同一個籃子裡。教師檢查迴紋針字卡組，確定學生是否正確配對。當左邊籃子空了之後，學生可以請別

人檢查獲得多少積分，確保配對的過程中，可以製造人際互動的機會。如果有十組正確的配對，該生即是勝利者！

瘋狂填字（Mad Libs）

教師可以自編一些簡單的故事，來玩「瘋狂填字」，並在每個句子中省略一、兩個字，也可以買現成的「瘋狂填字」（文具店可能有售），用其中的故事。教師給學生兩個以上的字詞，隨機堆成一疊。告訴學生要開始讀一篇故事，遇到空格時暫停，學生要讀出第一張字卡的字詞。由於這些字詞很可能讓故事牛頭不對馬嘴，肯定會惹來哄堂大笑！

雞同鴨講（Pick the Word That Makes Sense）

開始遊戲之前，教師需準備一些有空格的點字句子，把兩個或兩個以上，學生已學過的點字字詞，放在學生面前。其中只有一個字詞在句中有意義，其餘則否。教師念讀句子，接著請學生選用有意義的字詞填入「空格」。（如果學生還不習慣選詞填空，教師必須先進行示範。）

學生學習更多字詞後，教師可以用更大疊的字卡，或請學生描述字卡並念出來，直到找到一個，讓句子有意義。

分享字卡

當教師有兩名學生使用「認我行」點字教學策略時，教師可以讓學生互相分享字卡。學生從對方的字卡中挑選一、兩張，結合這些字詞造出一、兩個句子。學生可以使用點字機點字，也可以念出來，其他人把句子寫下來。

大食怪（Monster Munch）

這個遊戲適合年齡較小的學生。教師給學生一些已知的字卡。在學生閱讀字卡後，將字卡放入大食怪嘴巴（嘴面向學生，在教師這一側可以

控制開關）。如果學生答對了，怪物（教師）發出「太好吃啦！」的聲音。如果不正確，怪物會發出吐痰的聲音，並將字卡吐出來「咳～呸！」（老師得自導自演）。注意：有時比起「太好吃啦！」學生更喜歡「咳～呸！」，所以有時只是為了聽到「咳～呸！」而故意犯錯！（如果是美術部分，學生可能喜歡以各種創意裝飾怪物。但是，這種活動應該在美術課完成，而非點字素養時間。）

魚池（Fishpond）

這個遊戲需要從美國點字印刷所購得的報讀骰子和分數卡（參見本書後面的參考資料部分）。教師把字卡分散在桌上，並讓學生按下報讀骰子（GlowDice），點數決定學生要讀的字卡張數。使用分數卡記錄積分。另一種遊戲方法是放一大疊字卡，讓學生從最上面開始讀字詞，念對多少字詞就記幾點。

語音讀卡機（Talking Card Reader Activity）

教師可利用語音讀卡機，讓學生練習閱讀和檢查關鍵詞彙或填充詞。語音讀卡機是一種錄音機，其中有記憶卡用以記錄字詞或短句。在記憶卡貼上點字標籤，記憶卡插入讀卡機的插槽，來記錄字詞或短句。之後只要插槽重新插入記憶卡，就可以播放錄製的字詞或短句。（為了讓昂貴的記憶卡延長使用壽命，並讓它們重複使用，使用魔鬼氈將關鍵詞彙標籤黏貼到讀卡機附帶的記憶卡上，而不是直接刻錄在記憶卡上。）

學生也要花一些時間學習如何操作讀卡機。有的學生喜歡錄製字詞，聽到自己的聲音。提醒學生獨立操作字卡和讀卡機時，記得要先自己讀過一遍字卡，念一遍之後，再用讀卡機確定念讀正確與否。教師應該與孩童的班級導師一起布置一個學習角落，以供學生定期練習字詞。教師可以安排一個固定的位置，讓學生找到要練習的字詞，並在其正確閱讀後放入「完成」的籃子中。

William E. Wormsley

學生玩「大食怪」：讀字卡（上圖）；
餵食大食怪字卡（下圖）。

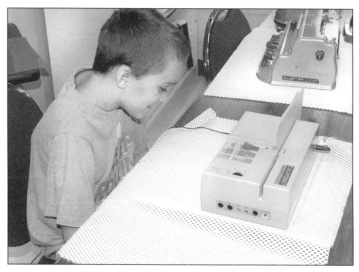

William E. Wormsley

學生使用讀卡機。

學習紀錄

在使用關鍵詞彙介紹及進行遊戲時，紀錄保存至關重要。如果本書中的表格（詳見附錄）不符合教師的習慣，只要能蒐集到同樣的資料，自編饒富個人風格的表格也未嘗不可。

逐月學習紀錄：字詞學習紀錄、練習日期及精熟度紀錄表

教師可以使用紀錄表，例如字詞學習紀錄、練習日期和精熟日期，以及記錄何時教了哪些字詞。圖 4.1 是以 Ben 為例的完整表格，附錄中提供了空白表格。此表格也有關鍵詞彙和填充詞的紀錄（有關填充詞的其他資料，請參閱第 7 章）。

評量學生的識字精熟度時，教師應記錄學生在受試時，是否正確的閱讀每個字詞。例如，如果教師已經教了兩個字詞，學生經過一段時間練習，教師也確定即使混在一起時，學生也可以辨識它們，就可以自編一個

測驗或遊戲來評量學生的精熟度。在學習其他字詞之前，教師應該努力使這兩個字詞達到百分之百正確。表格上的 + 表示正確率百分之百。

教師應每月對學生所學的所有字詞進行評量，確知學生能夠辨識出哪些字詞。在每月一次的評量和閱讀時，都能認出詞彙就是精熟了。記錄字詞的形式可以逐月學習紀錄為之，包含字詞學習紀錄、練習日期及精熟度等。紀錄表提供了一種方法，記錄教師所教字詞的學習軌跡，包含學習日期以及每個月的評量結果。

如前所述，如果學生對某字詞已達精熟，意味著隨時間推移，學生還是能認讀此字詞。有時上個月可以認讀的字詞，在下個月就不認得，可能是因為使用的頻率太低，或是學生對這個詞的興趣不若以往。教師必須持續使用，並評量學生忘記的字詞，務必將其保留在孩童的閱讀詞彙中。若遇到這種情況，教師應仍持續在每月評量時納入這個詞。隨著「認我行」點字教學策略進入拼音學習，必要時可以重新學習這些字詞。

課程摘要表

課程摘要表（參見圖 4.2 和附錄）為教師提供了整體計畫和紀錄保存工具。教師可利用該表記錄教學時間以及活動類型。表格可自由運用，為方便教師可以依照實際狀況，列出課程計畫的內容和完成的結果──如果教師利用機會教育，可能會與教學計畫完全不同。表格中也包含每一列的說明及指引。

Ben 的教師用這張表格，記錄她與 Ben 每天的課程。圖 4.2 是一份完整的例行課程計畫，此為 Ben 的教師在 Ben 其中一堂課之完整課程摘要表。可以在附錄中找到空白的課程摘要表。

課程摘要表可與字詞學習紀錄、練習日期及精熟度紀錄表，一起放在學生檔案中。

圖 4.2／ Ben 完整的課程摘要表

課程摘要表使用說明

課程摘要表使用說明
此表用於規劃和記錄課程中實際發生的事件。
每節課使用一張。如果一天之中有二節課以上，每節課請使用新的表格。
第一欄請寫上學生姓名、日期以及與學生一起上課的人。並請在教學的開始和結束時，填寫課程始末時間，以作為學生課程的時間紀錄。

單元
在本課程計畫的單元名稱下劃線。再圈出實際上課的內容。

課程計畫
在本欄記錄課程計畫。如果是提供諮詢，授課教師為其他人，請描述計畫應該涵蓋的內容。

教學／活動
此欄應詳實記錄課程中實際發生的經過。課堂活動進行也許可以嚴格遵循計畫，也可能會有所出入，說不定有出人意表的機會教育，或者有突發狀況發生（例如，消防演習既可以是突發的意外，也可以是機會教育）。

結果／建議
將課程的結果記錄在本欄，包括學生動機、教師動機或值得注意的事件（例如學生所說的事情，軼事等）。

日期：*11/15*　　　開始時間：*9:30*
學生：*Ben*　　　結束時間：*10:30*
教師／其他：*Ms. Kendrick*

單元	課程計畫 你的計畫為何？	教學／活動 你實際活動為何？	結果／建議
• 起手式 • 關鍵詞教學 • (識字) • (追蹤) • (閱讀故事)	用字卡和2個追蹤故事複習字詞。	正確念出5張字卡；閱讀2個追蹤故事：1個有協助；1個沒有協助。	完全正確；讀兩個故事時手都有並排；從頭到尾追蹤引入與引出線。

圖 4.2／ Ben 完整的課程摘要表（續）

單元	課程計畫 你的計畫為何？	教學／活動 你實際活動為何？	結果／建議
• 寫故事 • 拼音 • 寫作機制 • 認字母／縮寫 • 詞彙 • 理解力 • 其他：＿＿	測驗：用物以類聚遊戲做測驗。將一張干擾字卡放在一堆「刺刺球」字卡中。	給學生一堆刺刺球卡與一張「姓名」卡。	6/6 正確念讀。
	和學生一起讀一些學過的字詞。	未達成目標。	
	讀「我看到觸覺球」的句子和故事。	讀故事 2 遍。	完全正確。記得「the」。
	造句：協助學生用「觸覺球」造句。	由於 Ben 想不到要造什麼句子，因此把球拿出來；提示「彈性」和「滾」兩個字詞；造句（請學生念讀）：刺刺球是有彈性的。刺刺球滾開了。	低學習成就學生，表達詞彙較少。造句時提供字詞。

錄影記錄

　　教師定期將上課過程錄影，以確定學生的學習進度。建議教師於以下幾個時機錄影：

　　• 第一次教學生關鍵詞彙或短句時。

- 每個月教新的關鍵詞彙或短句時。
- 玩遊戲時。
- 閱讀追蹤故事，或學生和教師所寫的「真實」故事時。
- 進行每月評量時。

定期比較影片，有助評估學生進步情形。

融入寫作

教師將寫作融入日常課程的內容，取決於學生的寫作技巧。有可能是學生第一次接受寫作指導，或已經熟練使用點字，而想製作自己的字卡念給父母聽。教師應予以鼓勵，並將此納入教學計畫，教學生如何用點字達成目標。（第 6 章提供了教學生如何使用點字的指導。）

教師可以從一個字詞開始，教學生拼字詞以及使用點字點寫。如果字詞包含縮寫，則可以經由討論提示學生哪些字母「隱藏」在縮寫中。以這種方式寫下可以強化字詞的閱讀。在學生點寫之後，教師應鼓勵學生再摸讀。

學生最初使用點字機時，不只用智慧型點字機（Perkins SMART Brailler）或電動點字印表機（Mountbatten）進行點寫，也應該接觸電子點字書（electronic braille notetakers）。介紹電子點字書給學生的好方法，即在電子點字書上的點字鍵點寫最近學會點寫的字詞。教師第一次上課時，可以設置供學生放關鍵詞的文件匣。接著，學生可以在點字鍵上反覆練習字詞。

接下來的課程中，教師可以教學生如何將電子點字書開機，並檢索之前設置的文件。接著學生使用點字顯示器搭配語音，閱讀之前儲存的內容。在讀完之前寫的字詞後，教師可以讓學生選擇另一個字詞，練習使用電子點字書。

對於注意力無法長時間集中的學生，多樣性的活動可以讓學生持續參

與課程,並專注於學習閱讀和寫作。下一章將透過自編及閱讀追蹤故事來
討論追蹤多行點字的教學。

CHAPTER 5

關鍵詞彙練追跡

一旦學生在學習第一個關鍵詞彙時，學會了如第 4 章所注重的順暢追跡動作，下一步則是教導學生應用這些動作，來學習如何追跡，以及從複數點字行的頁面中正確換行。這是閱讀故事所必須具有的技巧。與其請學生追跡沒有任何意義的點字，「認我行」更鼓勵創造「追跡故事」，以對學生而言有意義的方式，教導如何換行進行追跡。

用關鍵詞彙自編追跡故事

追跡要有意義，才能方便學生參與活動。將手指放在頁面的線條上之後，漫無目的的追跡頁面和點字行，學生會因沒有閱讀任何內容，而無法順暢追跡。教師會發現，一旦開始實際閱讀活動，學生的摸讀動作就會減緩，有時還會摩擦。職是之故，「認我行」的追跡教學，是將學生已學過的關鍵詞彙納入非常簡單的故事中，常常也以寓教於樂的方式，請學生練習追跡技巧以欣賞故事。即使只有一個詞，就足以創造一個完整的故事。

追跡故事分為兩部分：

1. 教師用來提示學生搜尋已知關鍵詞彙的「故事」或設計。
2. 一整頁引入線和引出線的點字列（和字卡上使用的相同），每行都有相同的關鍵詞。

　　教師選擇學生認得的關鍵詞彙自編追蹤故事。教師以一個故事或設計引導，激發學生找到關鍵詞彙。接著，教師準備一頁點字，其中關鍵詞在引入線和引出線中出現一次以上。例如，有一位學生的關鍵詞是他的名字 Ridge。Ridge 總是躲起來，所以「故事」就是 Ridge 不見了，學生必須在點字頁上找到 Ridge。這使學生有機會學習如何追蹤特定目標。以關鍵詞彙組成的故事，會引發學生摸讀點字的動機，而且學生不僅僅是在頁面上移動手指而已，是為了閱讀而移動。秘笈 5.1 說明如何自編有效的追蹤故事。

追蹤故事示例

　　以下每個追蹤故事的例子都有好幾行，但每行只有一個關鍵字。雖然示例可能只顯示一行或兩行，但最好充滿整個頁面，以便學生盡可能練習從頁面頂部到底部追蹤。教師透過講述故事的內容以及要搜尋的字詞，和學生共讀。

關鍵詞：pizza。兩個 l 代表房子，位於線的右端。

教　師：pizza 外送員已經開始外送了。他離我們家還有多遠？當你找到 pizza 這個字時，你就知道他在哪裡。因此當你讀到 pizza 這個字時，大聲說 pizza。繼續沿著點字行直到句尾，找到房子為止。最後兩根高大的線條是我們的「房子」。

關鍵詞：Bob（學生的名字）。Bob 喜歡游泳。

教　師：Bob 在游泳池中。他要游到對岸。他游多遠了？當你找到 Bob 時，說出他的名字。

秘笈 5.1

自編有效的追跡故事以教導多行追跡

　　自編追跡故事的目的，是開發一個簡短的故事或設計，促使學生在點字紙上尋找已知的關鍵詞。故事應該盡可能對學生有意義。

- 考慮孩童喜歡或熟悉的活動，例如：
  ◇ 游泳。
  ◇ 站在舞臺上（唱歌或表演）。
  ◇ 走在草地上。
  ◇ 從桌子上拿起 Cheerios。
  ◇ 等待 pizza 送達。
- 使用兒童關鍵詞清單中已知的關鍵詞，將這些活動轉換為追跡練習。
- 使用以下原則做出點字頁：
  ◇ 一開始每行只出現一次關鍵字或短句。每一行的字詞位置應有所不同。
  ◇ 除非有特殊原因，否則該行的其餘部分應重複填滿 2-5 點。例如，如果是要找「草」這個字，重複字母 l（1-2-3 點）而不是 2-5 點可能更有意義。（1-2-3 點的點字方將代表草的莖，其中可以找到關鍵詞。）
  ◇ 切記關鍵字前後要空格，區隔引入線和引出線。
  ◇ 點字行之間用兩倍或三倍行高，並使用像兒童閱讀書籍的橫向紙張。（隨著孩童追跡能力提升，可以將行間距從三倍減少到兩倍，最終減為單一行高。）
  ◇ 起初，點字行應橫跨整個頁面，保持每行長度相同。日後再逐漸減少一些線條的長度，讓學生練習較短一行的點字，慢慢地也可以加入縮排練習。
  ◇ 在點字紙下使用防滑墊，使紙張固定。對單手讀者，這一點尤為重要。
  ◇ 教孩童正確的手指運用，保持雙手的四根手指在一起，除非有肢體上的限制，持續鼓勵學生使用雙手的四根手指。
  ◇ 最初先教孩童如何摸讀到行末，接著回溯到該行的行首，直接向下移動到下一行。（稍後將教導更進階的換行移動摸讀法。）

秘笈 5.1 （續）

有效提示

- 教導追蹤時，不要對學生進行識字測試而轉移焦點。告訴學生要找的字詞或短句，接著使用追蹤練習教導追蹤，同時加強識字。
- 當孩童學習字母或注音符號時，也可以融入追蹤練習，包括在每行點字上定位字母或注音符號。
- 隨著兒童追蹤技巧逐漸提升至能辨識字詞、短句、字母或注音符號，增加追蹤故事或遊戲的難度，在每一行中包含多個字詞、短句、字母或注音符號，並以追蹤練習作為合併字詞、短句、字母或注音符號的一種方式。
- 當學生開始使用關鍵詞彙來編寫故事時（參見第 7 章），追蹤技巧的練習就要褪除引入線。教師需要先謹慎觀察，以確定學生是否能夠追蹤故事，而不會在頁面上迷失位置，才開始閱讀沒有引入線的故事。

關鍵詞：Lady Gaga。

教　師：Lady Gaga 正在表演。看看她是否還在舞臺上。當你找到她在舞臺上的位置時，請叫她的名字，讓我知道你找到了她。如果她不在，請告訴我，讓我來找她！（這條線上也可能沒有 Lady Gaga 的名字，這表示她可能尚未登臺。）

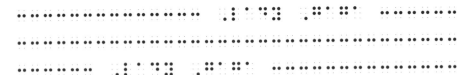

記錄追蹤技能

　　教師要定期錄下學生閱讀的影片，以記錄追蹤點字的進度。這些影片可以與教師在追蹤教學開始之前拍攝的基線期影片進行比較（參見第 2 章）。

利用追跡故事練習換行

　　一開始教追跡時，重點是讓學生找到字詞，而非練習識字。追跡的第一個目標，是讓學生學習如何由相同長度點字行組成的故事進行追跡。在學生精通追跡技巧後，點字行可改變長度。因此，用於追跡的系統需要包括不會跳行的方法。

　　學生學習追跡最有效的方法，是手沿著整行點字上移動到最後（從左到右），接著雙手一起回到該行點字的行首。一旦到達剛剛追跡的行首，就可以將雙手直接向下移動到下一行點字，並開始追跡該行點字。使用此方法可確定他們不會遺漏任何一行點字。最終，學生將在追跡點字時開始向下滑動手指。甚或可以在右手還在閱讀時，左手同時追跡。有些教師在點字的行首或行末使用簡單的標記，例如凸起的星形等，以確定學生追跡時從點字的行首到行末。當學生能熟練的換行時，就可以褪除這些標記。

　　在一開始示範追跡時，教師可以讓學生「騎」手（當教師追跡整行點字時，學生將手放在教師的手上），讓學生體驗順暢的追跡動作和感覺。最後，教師可以模擬順暢、高效的讀者動作，他們的雙手分開，學生就知道，原來是可以這樣閱讀的。沒有明確告訴學生手分開是較佳、較有效的，學生可能還是會自然學會。如此一來，學生就只能秘密的練習這項密技，因為猜想教師可能不會讓他們這麼做。以 Amy 為例。Amy 的教師一開始用雙手一起閱讀。隨著 Amy 閱讀變得流暢，她注意到她在家裡讀書時會分開雙手。然而，Amy 對教師保守秘密，繼續在學校使用雙手靠近的方式，因為她自認為這是教師所希望的。

　　雖然追跡教學的主要目標，是教學生如何移動手與手指，但教師請學生在追跡故事中遇到關鍵詞時念出來，以便加強識字，何嘗不是好事一樁？在追跡技能穩固之後，這些相同類型的追跡活動，可以在一行點字上安排多個字詞，並且以識字成為主要目標。

William E. Wormsley

學生閱讀為他編製的追跡故事。

閱讀真實故事

　　學生在閱讀真實故事時，順暢的追跡技巧必不可少。一開始閱讀故事時，每行點字可能會非常短，所以需要能夠分辨何時到達點字的行末，接著再回到該點字的行首，並向下移動到下一行。一旦學生能夠在沒有引入線和引出線的情況下閱讀字詞，就不再需要使用追跡故事來教導追跡。此時，學生可以使用追跡技巧來閱讀與教師共同創作的故事（參見第 7 章），甚至是符合學生閱讀能力水準的故事書（參見第 10 章）。然而，用於教導追跡的故事類型，仍然可以用於加強認讀新詞彙，或者讓學生玩遊戲以查看字詞、短句、字母或注音符號在一條點字行上。此時，追跡故事的目標從追跡教學，轉變為協助字詞、短句、字母或注音符號辨識或區辨。

融入寫作

　　正如本書開宗明義即言，各章都提供了「認我行」的一個招式。不用全然按照順序使出這些招式，只有關鍵詞彙的教學，是正式使用這個學習策略的起點。

　　下一章將介紹如何使用點字機教導寫作，這是本教學策略的另一個招式。該章將提供有關如何協助學生學習點寫的資料，包括自編自己的追跡故事。

CHAPTER 6

自述平生以學文

　　最常用於點字教學的工具是柏金斯點字機（Perkins Brailler）。學生需要獨立使用點字機，這意味著必須認識並執行使用點字機所有的功能（參見圖 6.1）。

　　點字機有幾種型號可供選擇，包括輕觸式版本，不需要太大力來壓按鍵。其中一種背面有支撐桿，可以更容易地將紙張放入點字機中，這對於手不方便的人很有幫助。智慧型點字機（Perkins SMART Brailler）在操作時能同步發音，並在螢幕上顯示。還可以向柏金斯盲校（Perkins）購買擴充鍵，如果肢體不方便，導致手指無法使用一般按鍵，可用以調整點字機。

　　其他書寫工具包括點字板和點字筆、電子記事本，以及如電動點字印表機（Mountbatten Brailler）有更新點字顯示器和外接系統，如果學生是因認知因素而閱讀點字有困難，通常不會考慮進行教學。然而，有更新點字顯示器的電子記事本，可以讓學生產生興趣和動機，能立即看到寫的內容，還能聽到它大聲說出來。電動點字印表機可以在學生寫作時語音合成字母名稱，也可以閱讀字詞，有助於加強正確的指法。學生應該盡可能接觸多一點的書寫工具，並讓「天馬行空」及「異想天開」的故事豐富其寫作經歷（有關教導初級寫作的更多資料，請參閱 Swenson, 2016）。

　　最後，學生將學習如何完整操作點字機，包括如何將紙張置入及取

圖 6.1／點字機操作：技能的評估和順序

技能	I	A	M
記錄說明： I＝技能介紹 A＝透過協助獲得的技能 M＝透過精熟展現技能			
認識並使用點字機的以下部分： 　1.壓花條 　2.字距鍵 　3.倒退鍵 　4.紙張釋放槓桿 　5.進紙旋鈕 　6.壓花頭槓桿 　7.行間距鍵 　8.支撐桿 　9.送料機 10.左停紙開關 11.警戒鈴、警告鈴 12.把手 13.蓋子 14.邊界停機指示器（左右各一，可預設邊界）			
操作點字機： 1.將點字機正確放置在工作臺上。 2.將壓花頭移至正確位置。 3.將進紙旋鈕朝向自身以外的方向轉開。 4.朝自己的方向拉開紙張釋放槓桿。 5.一手放在支撐桿，另一隻手關閉釋紙。 6.將紙捲入點字機，直到左停紙開關停止。			

圖 **6.1**／使用點字機的方法：技能的評估和順序（續）

技能	I	A	M
7. 按下行間距鍵以固定紙張位置。 8. 從點字機中取出紙張。 9. 未使用時將點字機放在正確位置 （盡可能將壓花頭向右移動，將紙 張釋放槓桿打開，並蓋上機器）。			

資料來源：Reprinted from Wormsley, D. P., & D'Andrea, F. M. (Eds.). (1997). *Instructional strategies for braille literacy*. New York: AFB Press.

出。第一次接觸點字機時，應盡可能寓教於樂，讓學生覺得有趣，並為點字機賦予意義。例如，一開始應由教師示範如何將紙張放入點字機中，而不是讓學生自己摸索。接著為學生示範新手如何開始使用點字機按鍵和手指運用，而展開寫作。一開始自由創作會比學習設備本身更有趣。一旦學生有機會用點字機寫作，教師可以花一些時間與學生一起探索其中的部件，並教導學生在獨立操作時需具備的技能。

有關點字機構造說明詳見本書第 92 頁。

指法教學

教首次使用點字機的學生，對教師而言較有利，因為可以從一開始就教導正確的指法。點字機的六個鍵搭配食指、中指和無名指就可以點出各種點字字母和符號。空格鍵左右兩側各三個鍵。食指按下最靠近空格鍵的鍵，其對應於 1 點（左食指）和 4 點（右食指）。中指按下對應於 2 點（左）和 5 點（右）的鍵，並且無名指 3 點（左）和 6 點（右）。教導學生點字時，務必確定使用正確的指法，並在每次點字時強調。

已經準備好學習點字的學生，需要評估用點字機點字時，手指如何運用。有人可能已經養成了各種不好的習慣，例如使用二根以上的手指按下

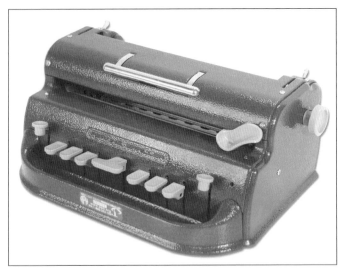

Courtesy of American Printing House for the Blind

美國點字印刷所（APH）──輕觸式點字機。

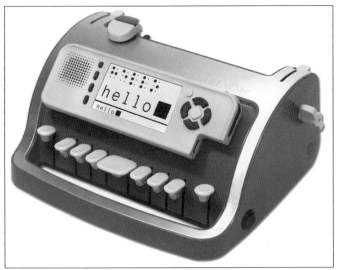

Courtesy of American Printing House for the Blind

美國點字印刷所（APH）──智慧型點字機。

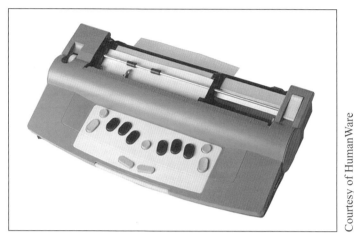

Courtesy of HumanWare

電動點字印表機。

一個按鍵、在兩個字方之間移動手指，或者根本不在意使用正確的手指法，隨興的使用任何手指。為了讓學生點字既快速又準確，需要使用正確的指法。過去沒有練過正確指法的學生，可能不願意重新學習如何點字。而尚未學習的人，正值學正確技巧的最佳時機。

教導點字機使用的最佳方法之一，是讓教師將其融入每一堂課，哪怕只是片刻。讓任課教師或專業團隊人員參與點字教學會有所裨益。只要教了指法，點字可以在任何情境進行，因此若其他人能夠加強學生正在學習的內容，可以爭取學生多練習點字的機會。

手指沒有常運動的學生，可能一開始手指力量和靈活度都不理想。指力弱或不靈活，可能導致學生不想或不能，馬上就正確的把手指放在點字鍵上。由於使用任何點字設備都使用相同的指法，因此從學習之初就用正確的指法極為重要。

如果點字教材對於學習點字的學生有意義又有趣，那麼學習使用點字機的動機會更強。因此，教學目標可能是加強兩手的無名指，或隔離手指以便學生可以點寫出特定字方，活動越有趣，學生就越有可能堅持完成課程。一個學生對於打出字母 x 感到困難，連簡單的點寫 x 行都不太感興

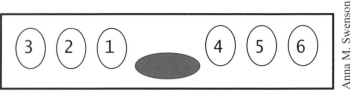

點字鍵配置。

Anna M. Swenson

趣，直到他的教師將字母 x 連接到他的一個關鍵詞：火車。教師告訴學生，必須讓火車的軌道繼續前行。基於這個理由，點寫 x 行成了一個有趣的活動，學生愉快的參與其中。他曾犯了一個火車出軌的錯，而笑談軌道何以不上道。毋庸置疑，在製作了幾段火車軌道之後，他點寫字母 x 已經得心應手！

如同學生使用正確的指法來點寫字母或注音符號非常重要，在兩個字母或注音符號間順暢的移動，也同樣重要。就如打字一般，手指應放在正確的點字鍵上。而尚未使用的手指，應與這些點字鍵對應擺放，或正好在這些點字鍵上方。要點字母 a，只按下手指 1（左手食指），而其他手指輕輕地放在其他按鍵上，或稍微抬起。如果學生慣於將未使用的手指挪開，並將其蜷縮在下方，如此一來，這些手指就不能立刻用於下一個要點的字方。當學生這樣彎曲手指時，常常也會讓手指置於錯誤的對應鍵上，而不得不重新定位手指。因此，捲曲未使用的手指，不是點字的好習慣。練習正確指法之初，教師要留心學生如何保持手指與點字鍵對應擺放。

指力較弱的學生，可能會想用兩指按一個點字鍵。這會導致學生在某些字母或注音符號以錯誤的指法進行點字，因為一個點字鍵只能對應一根手指。當學生的食指從 1 點或 4 點的鍵上移開，並使用它和中指按下點字鍵以獲得 2、3、5 或 6 點時，問題更大。教師要鼓勵學生，每根手指都很強壯！有教師用硬紙板為每個點字鍵自製「車庫」，或者將魔鬼氈黏到點字鍵上，只容許一根手指可以裝入「車庫」。

一旦學生對使用點字鍵有了足夠的信心，教師就可以協助學生融入每

天日常的使用，例如行間距鍵、放入和取出紙張等。當教師示範如何將紙張放入，並讓學生用手放在各部件的位置實際感受，可以讓學生更清楚的體驗。接著，教師可以讓學生試試，按下不同點字鍵時的感覺，例如行間距鍵和倒退鍵，並使用壓花頭槓桿返回。使用倒向連鎖策略教學法，可以協助認知障礙的學生。在倒向連鎖策略中，將工作分析步驟按順序列出，從最後一個教學步驟開始，逐次往前一個步驟推。透過這種方式，學生總能有成功體驗。例如，教師可以執行圖 6.2 中的所有步驟，直到按行間距鍵。接著，會請學生將壓花頭滑回到行首準備寫作。然後，學生和教師可以進行之前章節提到的一些寫作練習。當學生完成寫作後，教師可以教導學生如何從點字機中取出紙張（圖 6.2）。逐步地，將其他步驟逆序進行教學，直到學生可以從放入紙張，以點字機點字並自行移除紙張。

融入寫作課

不用非得等到學生積累一定詞彙才進行寫作。許多入門課程可以同時融入點字寫作課程。如學習關鍵詞彙時，學生可以學習寫出關鍵詞的首字母，或關鍵詞中各字根縮寫。一名學生從搖滾樂團聯合公園（Linkin Park，大陸譯林肯公園）的名字中學到「in」這個字，因而為之著迷。她侃侃而談對於「in」這個字的感覺，並想要學習更多關於「in」的字詞。她的教師寫了幾行「in」，還用已經學會點寫的幾個聲母（initial consonants）形成 pin、fin 和 kin 這些詞。如此一來，閱讀課融入了作文課，還加入了拼讀課程。這是一個絕佳的演示，說明如何同時使用「認我行」的各種招式來強化彼此。「認我行」強調的是「觀念」，而非「招式」，不拘泥於招式，方能得其神髓，面對異質性高的學生以意馭招，千變萬化，無窮無盡。

圖 6.2／從點字機中裝載和取出紙張的步驟

將紙裝入點字機的步驟	
步驟	精熟日期
1. 轉動進紙旋鈕（遠離自身的方向）直至停止。	
2. 移動紙張釋放槓桿（朝向自身的方向）。	
3. 扶住紙放進左側的進紙處。	
4. 將紙平放在支撐桿或閱讀架上。	
5. 將紙滑到壓花頭下方（居中）。	
6. 將紙對齊左側。	
7. 向後推紙張釋放槓桿。	
8. 捲入紙張。	
9. 按行間距鍵一次。	
10. 將壓花頭一直滑到左側。	
從點字機取出紙張的步驟	
步驟	精熟日期
1. 轉動進紙旋鈕（遠離自身方向）直至停止。	
2. 移動紙張釋放槓桿（朝向自身的方向）。	
3. 抓住紙張並將其從點字機中取出。	

資料來源：Adapted from Swenson, A. M. (2016). *Beginning with braille: Firsthand experiences with a balanced approach to literacy* (2nd ed., p. 20). New York: AFB Press.

點字追蹤故事

　　有學生喜歡創作屬於自己的追蹤故事，例如第 5 章中提供的示例。教師可以製造機會，讓學生重新改造之前曾讀過的故事，接著鼓勵嘗試自行思考創作故事。可以獨立開課進行，也可以由專業團隊或家人進行活動。如果學生在家中創作，學生或父母勢必要知道如何將紙裝入點字機、如何

依循引入線和引出線，以及在追跡故事中置入需要的字詞。

教師和學生一起思考，如何完成追跡故事。學生有時很難憑空杜撰這些故事；的確，對教師而言也非易事！不必憂心故事意義不大，或是與學生所學重複。主要目的是讓學生使用點字機進行寫作。

創作追跡故事的秘訣

與學生協力編寫追跡故事時，切記以下幾點：

- 確定學生使用正確的指法按按鍵，即使如點寫引入線或引出線時。
- 確定學生在字詞前後空格。
- 確定學生用兩倍或三倍行高，以利其閱讀。

點字繪圖

寫作也可以透過其他方式連結關鍵詞。一位學生喜歡納斯卡賽車（National Association for Stock Car Auto Racing, NASCAR，是美國最大、最有公信力的賽車競速組織），這是他的關鍵詞彙之一。為了協助他加強指法，專業團隊構思出一個簡單的汽車繪圖，他可以按照圖的指示以正確指法使用點字機。此圖乃以特定順序融入某些字母和縮寫，這有助於他加強指力及正確指法。他為自己的繪圖作品感到非常自豪，更喜歡將作品送給別人！

Charlson（2010）創作了一本含 36 幅圖的圖畫書，讓學生據此以點字機臨摹；教師也可以在方格紙上描繪簡單的形狀，製作自己的圖畫，但要確定哪些點字代表哪些形狀，以及是否應該填滿或留白。

閱讀作品

使用文字學習寫作時，寫作和閱讀終不可分，於紙本寫作時，可以看、讀正在寫的內容。使用點字機需要雙手接觸點字鍵，因之學生無法閱

讀正在寫作的內容。有語音合成的智慧型點字機，或電動點字印表機可以即時提供聽覺回饋，為上上之選，學生因為點寫出正確字母而獲得增強，但聽到所寫的內容並不能取代閱讀。在教導寫作時，教師要鼓勵學生點字之外，同時摸讀，以便感受點字的內容。學生要養成勤於檢查的習慣，但又不能過於頻繁，以至於手不斷離開相應的點字鍵。

一開始學習寫作的學生，檢查的時間點，為點寫完一個字母或注音符號之後，接下來改為每個字詞。最終，至佳的時機是換行時，無論是一整行完整字方、一行字母或注音符號、縮寫乃至於學生寫作故事中的句子。

寫作可以加強學生的閱讀程度。學生將從識字轉換為辨識字首的字母或注音符號，包括縮寫。練習點寫這些字母，可以增強字母的感覺（尤其是教師請學生閱讀寫作內容）。當學生會寫的字母日漸增加時，可以開始寫出所知的關鍵詞彙句。最後，將使用所學的詞語形成句子和短篇小說。當學生使用首尾音〔強調頭音（initial sounds of a word）和尾韻（word family endings），將於第 8 章進一步討論〕學習識字時，也可以將認識與所學字詞相關的其他字融入寫作。目標是學生獨立使用點字機和其他用於書寫的任何設備。實現這一目標需要每日不輟進行寫作及閱讀。

學習記錄

教師可以使用圖 6.1 點字機的部件，來評估學生的學習進度，以及何時精熟各個步驟。此外，教師可以記錄學生使用點字機時手指運用的情況。為了了解學生對字母或注音符號和縮寫的點寫情形，教師可以在學生的關鍵詞彙檢核表上，簡單的做一下記號。檢核表還可以提供其他協助學生使用點字機的人參考（即使檢核表未說明關於使用時機的規則）。

團隊合作

其他人只要知道如何使用點字機，且學生上課可以獨立操作，就可以協助學生完成寫作。為了協助其他人與學生一起上課，教師可以複印附錄中的「點字機操作」表格，並在上方寫下學生姓名且註記「能完成」。如果教師使用該表格記錄，可以影印該表格，由協助者填寫各欄位，以便了解學生程度為何。與學生一起上課的人，也需要知道這個表格上的所有內容，因此有點字機的圖片可能會有所幫助，方便認識各個部件（見圖6.3）。此外，由於協助的教師、家長或教師助理員，需要知道如何使用點字，因此這是一個為專業團隊成員提供教學演示的好機會。將表格貼在學生教室或家中使用點字機的地方，以便與學生一起上課的任何人都能看到其獨立操作，並鼓勵學生繼續練習。

教師可以為相關專業團隊人員示範點字時的正確指法，以便與學生上課時可以針對此點加強。此外，教師可以提供一張示範正確指法的圖片，說明手指及其相應的點字鍵，並避免錯誤的手指運用。

教師和學生共同創作故事並進行閱讀時，為了擴展學生寫作能力，將教其使用如第 7 章所述的肢體寫作技巧。先由教師為學生示範如何寫作，隨著故事持續發展，逐步鼓勵學生主導寫作。

圖 **6.3** ╱點字機部件

1. 把手（handle）
2. 點字按鍵（keys）
3. 字距鍵（spacing key）
4. 壓花頭（embossing head）
5. 倒退鍵（back-spacing key）
6. 行間距鍵（line spacing key）
7. 壓花頭槓桿
　（embossing head lever）
8. 進紙旋鈕（paper feed knobs）
9. 紙張釋放槓桿
　（paper release levers）
10. 凹槽滾軸（grooved roller）
11. 進紙滾軸（feed roller）
12. 支撐桿
　（paper support bar）
13. 左停紙開關
　（left paper stop）
14. 邊界停機指示器
　（margin stops）
15. 警戒鈴、警告鈴（warning bell）
16. 點字臺（stripper plate）

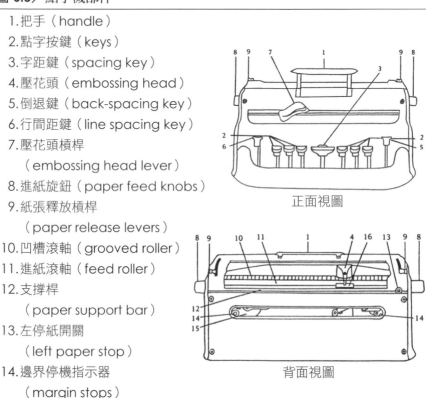

正面視圖

背面視圖

資料來源：Reprinted with permission from Stratton, J. M., & Wright, S. (2010). *On the way to literacy: Early experiences for visually impaired children* (p. 344). Louisville, KY: American Printing House for the Blind.

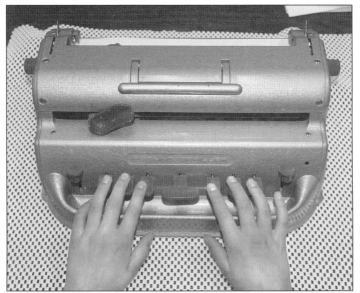

William E. Wormsley

點字按鍵上的手與正確指法。

CHAPTER 7

師生協力齊創作

　　與學生討論關鍵詞彙或短句，可以更了解學生感興趣的事物。而這些討論，也經常可以發展為故事和新的關鍵詞彙。當教師與學生對談時，教師應記錄對話內容、學生可能想要學習的任何新關鍵詞彙，以及可能成為故事的精采主題。

　　這些故事類似教師能為學生自編有關學生經歷的故事（參見第2章）。之前的故事旨在為學生建立摸讀及點寫的經驗，而教師此時創作的故事，是為學生自行閱讀而設計的，因此剛開始的故事較簡單，重複性較高。

首次共同創作故事

　　理想情況下，教師和學生共同創作的第一個故事，包括學生學習過的關鍵詞彙或字詞，還需要一些填充詞——雖然是學生不熟悉，但為了完成故事而需要的詞。

　　當教師與學生交談時，教師應同時準備好點字機。當學生的談話內容帶來新故事的靈感時，教師可以說明這是一個好題材，並且用點字機點寫學生所說的內容。教師應在上方預留空間，以便在故事完成後討論適當的標題。

　　有時，這些初期的故事和學生有關；有時，則涉及學生重要的人，例如朋友、家人或寵物。由於是學生主導對話，就讓學生決定故事的內容。一頁有五、六個句子就足以展開故事。學生的第一個故事，可能就如以下的例子一般簡單：

> 我喜歡 pizza。
> 我喜歡 Lady Gaga。
> 我喜歡 pizza 和 Lady Gaga。

　　雖然 pizza 和 Lady Gaga 是學生的關鍵詞彙，而「I like」這短句不是，但需要類似的填充短句，將關鍵詞彙擴充為故事。

　　像這樣的故事勢必要學習其他字詞。寫完這個故事後，教師需要為學生製作短句字卡，以便學生學習新短句。下次上課時，教師介紹短句字卡，並提醒學生這句話已經在上一堂課故事中使用。探索「I like」短句中的特徵，就像探索新的關鍵詞彙一樣，搜尋具有觸覺意義的特徵。在「I」面前的大寫點和「like」的縮寫很像，兩者之間有空格，使得這個短句易於記憶，且明顯與其他關鍵詞彙不同。

　　教學生像「I like」這樣的短句，可以引導學生討論其他喜歡的內容。因此，一個簡單的故事，可以認識更多的字詞，並加到故事中，從而創造一個更長的故事。

語言經驗故事

　　與學生一起創作故事的另一種方法，是使用語言經驗學習法（language experience approach），在該方法中，學生創作一個關於自身經歷的故事。這最好在學生想要談論的重大事件發生之後完成。有時，到最喜歡的地方實地考察，可以引發故事靈感；也可能是在教室或家裡發生的事。語言經驗學習法中的步驟（Leu & Kinzer, 1991）包括：

- 親身參與的經驗，可提供為故事內容的題材。
- 讓學生以自己的語言描述經驗。
- 協助學生創作故事（通常是一個小組，但也可以與個別學生一起進行）。
- 在圖表上寫下這個故事（或用點字記錄）。
- 協助學生閱讀已記錄的文字作品。

教師與學生共同創作一個關於經驗的故事。讓學生用自己的話表達。雖然有些人主張在故事中保留錯誤語法，但讓學生聽到正確的語法也未嘗不可。例如，如果學生說：「我們快樂」，而不是「我們都快樂」。教師可以說：「對！我們都很快樂！」以正確的語法再說一次。或是學生說：「他綠色」，教師可以再說一次類似的話：「是的，他是綠色的，不是嗎？」這種「引導」學生的方式是尊重及回饋，它讓學生知道，教師所說的內容有所不同，但同時也接受學生的意義或概念是正確的。接著，教師在故事中用正確的語法寫出句子，以便學生反覆閱讀句子，從而強化正確的語法結構。

在使用語言經驗學習法時，教師先示範寫作及閱讀故事，而後學生再自行閱讀教師提供的點字。

實物體驗

教師因其必要，或為加強學生對故事的學習，而使用實物。一名學生將「錢包」作為她的關鍵詞之一，教師便拿一個錢包來討論。在談論錢包時，學生想知道鑰匙以及手機在哪裡。突然間，天外飛來兩個新的關鍵詞彙：「鑰匙」和「手機」。第二天，教師在錢包裝了一副舊鑰匙和一支舊手機。接著「乳液」也成了一個話題，很快錢包裡又多了乳液。創作的故事內容如下：

我有一個錢包。

我的錢包裡有鑰匙。

我的錢包裡有手機。

我的錢包裡有乳液。

我喜歡我的錢包。

我喜歡我的鑰匙。

我喜歡我的手機

我喜歡我的乳液。

　　另一名學生 Hannah（在第 1 章曾提到）與她的教師共同創作了很多這樣的故事，其中包括一個名為「便便書」的幽默故事，Hannah 和她的教師參觀了農場，看到便便後，共同創作了這本書。Hannah 堅持要盡可能使用她的關鍵詞，如以下故事中的粗字體所示。

便便書

便便便便。

馬會便便。

牛會便便。

雞會便便。

老鼠會便便。

恐龍會便便。

寶寶會便便。

奶奶會便便。

爺爺會便便。

媽媽會便便。

爸爸會便便。

Hannah 會便便。

你也會便便嗎？

共同創作故事時的注意事項

與學生共同創作故事時，請記住以下建議：

- 使用標點符號和大寫點表示大寫字母。一開始不要用過於複雜的標點符號。句子末尾的句號和驚嘆號，就足以讓學生充分了解其意。
- 將故事寫在 8.5×11 吋的紙上，一開始紙用橫向。
- 點字行距為雙倍行高。
- 以故事為中心的討論，以學生更深入理解所使用的字詞意涵為目標。（孩童可能會被某個字詞所吸引，但實際上不一定了解其意。討論時除了維持興趣，還需教導該字詞的全部含義。）
- 盡可能使用故事，擴展學生的語言基礎。
- 之前沒有接觸過點寫的孩童，建構其點字觀念的其中一個方法，是用故事的方式進行，同時也可以引起孩童對點字和寫作的興趣。

讀故事

學生與教師共同創作的故事可以蒐集起來，並放入學習手冊中。隨著故事逐漸增加，學生可以練習閱讀，還可以將學習手冊帶回家給父母、兄弟姊妹和其他家人閱讀。教師也應該在學生檔案中保留故事的副本，以防學生的學習手冊遺失或破損。這些故事也可以在課堂上和他人共讀。曾有學生日復一日練習他的故事，還積極尋找故事聽眾，終於在資源班找到三位同學願意聽。這是一個關於露營的故事，三位同學椅子排成一排，聽學生朗讀故事。當故事結束，他們互相擊掌。他的教師回述，當同學與他擊掌時，他的臉上全是驕傲、喜樂滿盈！

這些啟蒙故事，很可能會有相當大量的重複，得以強化閱讀。形成句子所需的字詞，將成為學生想要學習的字詞，因為它們出現在有意義的句子中。教師可以自製這些字詞卡，進而增加學生的閱讀詞彙量。

故事示例

以下是與學生一起撰寫的其他故事示例：

Mike 的錢書

Mike 喜歡錢。

Mike 喜歡一分錢。

Mike 喜歡好多的一分錢。

Mike 喜歡五分錢。

Mike 喜歡好多的五分錢。

Mike 喜歡一毛錢。

Mike 喜歡好多的一毛錢。

Mike 喜歡一塊錢。

Mike 喜歡好多的一塊錢。

Mike 喜歡錢。

製作爆米花

油鍋裡炸爆米花。

開花，開花。

爆，爆，爆，爆，

爆，爆，爆。

結束連環爆，

趁熱吃最好。

我們都吃爆米花，我們都是一把抓！

爆，爆，爆，爆，

爆，爆，爆。

我們喜歡什麼

　　Maria 喜歡游泳。

　　Jill 喜歡溜冰。

　　Jen 喜歡保齡球。

　　我們都喜歡吃！

　　Maria 去了雜貨店。

　　Jill 去了雜貨店。

　　Jen 去了雜貨店。

　　我們都去了雜貨店！

　　Maria 和 Jill 喜歡打保齡球。

　　Maria 和 Jill 喜歡逛街。

　　Maria 和 Jill 喜歡學校。

　　Maria 和 Jill 喜歡健身房。

　　Maria 和 Jill 喜歡 Jen。

　　Maria 和 Jill 喜歡 Mrs. B。

　　Maria 和 Jill 喜歡玩得開心！

　　Maria 坐校車上學。

　　Maria 說你好。

　　Jill 坐校車上學。

　　Jill 說你好。

　　Jen 坐校車上學。

　　Jen 說你好。

　　Mrs. B 向 Maria 說你好。

　　Mrs. B 向 Jill 說你好。

Mrs. B 向 **Jen** 說你好。

我們都說你好。

情人節

我喜歡情人節。

媽媽喜歡情人節。

媽媽和我喜歡情人節。

我們都喜歡情人節！

這些故事比早期點字素養階段創作的原始故事複雜，且或多或少都有重複性。其中也出現越來越多的填充詞，因為學生已不像學習關鍵詞彙時生疏。教師應該自製這些故事中的短句卡和字詞卡，如此可以看出學生閱讀詞彙量的增長情況，並確定是否可以獨立於故事，閱讀字詞。這些字詞和短句，不限在閱讀故事前後介紹，但教師應該像學生一樣檢查關鍵詞彙，感受其觸感。因為學生閱讀和寫故事時，可能也會學到一些字母或注音符號，教師也可以與其討論開頭的字母或注音符號，並讓學生試試，是否能認出字詞中的任何其他字母或注音符號。

閱讀與學生共同創作的故事時要考慮的事項

閱讀故事時，以下建議須謹記在心：

- 創作故事後，不能奢望學生馬上就會閱讀。教師先念讀，學生複誦。如果判斷學生有某些字可能認得了，可以稍微停下來，給一些時間讓學生試著摸讀看看。如果學生還是不會念，教師就直接繼續念下去。

- 在學習故事期間，教師和學生可以輪流讀。教師讀一次，換學生摸讀，如此反覆。

- 讓不懂點字的其他人，與學生進行交流，或製作故事的印刷文字副

本以供參考。

- 鼓勵學生為他人念讀故事。
- 讓學生經常重讀故事，以加強識字並提高閱讀流暢度。
- 讓學生選擇一個故事「出版」。讓其了解頁面、封面、裝訂及插圖等為何。學生可以自行裝飾封面，並為書頁創作觸覺插圖。

關鍵詞彙故事遊戲及活動

切割故事（Cut-Apart Stories）

一旦有了學生能夠閱讀的故事，就可以將句子獨立製作成字條，學生可以分別練習閱讀句子。如果故事有序列，教師可以請學生按正確的順序重組故事。

教師也可以把這些句子黏在語音讀卡機的磁卡上，練習閱讀。請學生閱讀該句，再經由讀卡機檢查是否正確。

故事錄音（Audio Recorded Stories）

學生喜歡在錄音裡聽到自己的聲音。教師可以請學生選擇一個故事大聲朗讀。為了錄音，這可成為練習閱讀流利的動機。接著，教師可以為學生的故事朗讀並錄音，而後在學生摸讀故事時同時播放。

磁性字板（Magnetic Word Board）

教師可以將個別的點字字詞貼在軟磁鐵上。接著在磁性板或餅乾托盤上移動字詞，以自編一些有趣的故事。學生可以選擇字詞，如同吟詩一般頌讀，或者試著將這些字詞激盪出新故事的靈感。坊間有販售類似的磁性詩歌套裝組。

造句（Writing Sentences）

　　教師可以協助學生從故事中選擇一個句子來學習寫作。當教師指導學生造句時，要確定學生知道大寫點和標點符號的位置。教師還可以說明造句時的相關事項，例如字詞之間的間距，句末的標點符號和句首的大寫字母，並讓學生在閱讀句子時探究這些元素。

融入科技輔具（Incorporating Technology）

　　正如學生在學習關鍵詞彙時可以將電子點字書融入寫作（參見第4章），亦可融入於句子寫作中。教師可以像設置字詞文件匣一樣，設置造句文件匣。此時，學生可能也已準備好學習如何設置文件匣，教師可以使用「放聲思考法」（think aloud approach），在為學生演示時大聲說出設

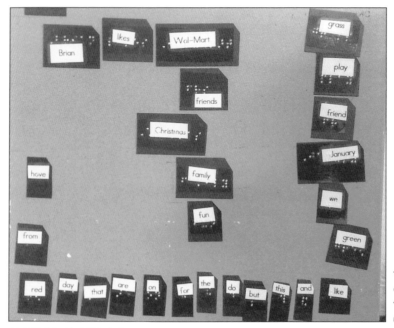

教師製作的磁性字板。

置文件所須採取的步驟。一旦學生用點字機完成一個句子，就接著在電子點字書上點寫相同或不同的句子，再教學生如何讀取。

協助學生寫自己故事的小技巧

起初，在學習編寫自己的故事時，學生需要很多協助，尤其是還在熟悉點字機或電子點字書的過程。通常有伴隨認知方面特殊需求的學生，在編寫完整故事時會有困難。以下是學生準備寫故事的一些建議，或許必須分成幾堂課來完成這些步驟。

- 架構學生的故事。
  - ◇ 說說看你如何獲得靈感，如何決定要寫什麼。故事要讓學生感興趣，完成時才有動機閱讀。學生使用自己的關鍵字或填充詞，以加強對這些字詞的閱讀。
  - ◇ 第一次先讓故事簡單一點。可以是由幾個句子組成，一頁左右即可。讓學生知道，故事的重複性不必和之前為促進學生閱讀而共同創作的故事一般。當教師寫下句子時，學生應大聲說出正在思考的內容，例如怎麼點大寫點、字詞或縮寫。
  - ◇ 故事完成後，老師領讀、學生複誦。教師有書面文字或點字原稿，學生應同時有點字副本可供摸讀。
- 與學生討論想要撰寫的故事內容。靈感如吉光片羽，採擷不易，多協助學生思考喜歡的事物。
- 一旦學生確定了某個主題，促使其準確傳達想表達的內容。
  - ◇ 用點字機記錄學生說的故事，以便學生聽到教師的內容。這與使用語言經驗學習法寫故事的過程類似，不同之處，在於關鍵詞彙故事目的是讓學生將此視為創作。
  - ◇ 協助學生閱讀所寫的故事。
  - ◇ 臚列句子，讓學生用點字機一次一句點寫。
  - ◇ 請學生念讀故事。

- 與學生一起重複上述步驟,以創作更多故事,但逐步由學生主導故事寫作。

- 當學生可以輕而易舉的提出主題,並思考要寫的內容時,在學生講述故事時錄音。接著讓學生聽故事並適時停止錄音,以便其記錄透過教師協助所完成的內容。

- 學生通常會根據聽過的故事編寫故事。第 2 章和參考資料列出了一些建議,適合兒童閱讀的可預測故事類型。教師可能會找到一些可以引起學生興趣的故事,並建議其他人為學生念讀這些故事。即使高年級學生也喜歡聽故事。當故事的主題能引起學生的興趣時,請放心,絕對會想讓人大聲朗讀。閱讀感興趣的主題,可以為學生提供和所編寫的故事不同的新故事模型,並提供額外的詞彙,用於創作該主題的故事。

持續記錄

除了蒐集學生創作和學習閱讀的故事之外,學生在進步的過程中所遭遇的困難,教師也應該保留相關的紀錄在學生檔案中。教師需記錄學生成為自己故事的獨立創作者前,曾經歷的過程。

自編故事的過程,也使教師更加了解學生的各種興趣。選擇主題的相關討論,也引導教師了解哪些是學生重視的事。教師記錄這些重要的主題或興趣以供將來參考,特別是在擴充學生詞彙量之時。如第 9 章所述,教師也可利用這些興趣,為學生在坊間找到一些相關閱讀書籍。

教師施展出「認我行」的招式後,可能會發現學生對字詞或特定的縮寫感興趣。教師如果一直遵循「認我行」的原則,很可能已經利用這點來教導那些字母、注音符號或點字縮寫,並向學生們指出這些字母、注音符號和點字縮寫的發音。然而,如欲使學生的閱讀更進步,則需要以更系統化的方式,解決這種附加的字母拼讀法問題。第 8 章將傳授「認我行」點字教學策略於學習字母、注音符號、縮寫和拼讀另一個招式。

拼讀、識字及縮寫

　　雖然「認我行」從教導整個字詞開始，但也涵蓋了拼音教學。「認我行」使用學生的關鍵詞彙作為字母拼讀法（phonics instruction）的起點，並將這些關鍵詞彙中的字母，合併到字母辨識和縮寫辨識的活動中。

　　一些研究人員建議，學習閱讀困難的學生可能會發現，與他們有意義並且已會發音的單字有關時，學習字母、縮寫和發音會更容易（Millar, 1997; Moustafa, 1997）。「認我行」是 Moustafa（1997）所提字母拼讀法的分析〔或整體至部分（whole-to-part）〕教學法，學生可以學習一些瞬識字（學生透過視覺辨識整個字，而非透過解碼），接著教學生從這些字，類化（generalize）到其他字。「認我行」也是基於類比法（analogy）的教學，因為是分析關鍵詞彙來學習的字母模式，接著透過類比應用於具有相同模式但不熟悉的字詞。「認我行」與傳統的整體字母拼讀法相異之處，在於此學習策略中，瞬識字是有意義的關鍵詞彙，每個學生都有所不同。因此，一開始的拼讀課程也因學生而異。

拼讀教學階段

　　用於教拼讀、字母式注音符號和縮寫的關鍵詞彙，皆遵循學習閱讀的發展階段：(1) 前字母期（pre-alphabetic phase）；(2) 部分字母期（partial alphabetic phase）；(3) 全字母期（full alphabetic phase）；(4) 字母鞏固期（consolidated alphabetic phase）（Gaskins, Ehri, Cress, O'Hara, & Donnelly, 1997）。

前字母期

　　前字母期（印刷文字讀者）指的是「視覺線索」（logographic）或「視覺提示」（visual cue）階段（Vacca et al., 2012）。在這個階段，可經由一些明顯的視覺特徵辨識字詞，例如麥當勞 M 的金色拱門。如第 2 章提到，學齡前兒童如欲獲得閱讀學習環境優勢，就要為視覺缺損幼兒創造一個隨時可接觸點字的環境。認我行點字教學法以此階段為起始，呈現整個字詞或短句，並向學生指出該詞的特點、觸覺特徵，以助於記住此字詞，並和其他字詞有所區分。在點字中，這可稱為觸覺提示階段。再加上教的字詞，是有意義的關鍵詞彙，使用整個字詞可以讓學生在閱讀中獲得成就感，並能發展與這些字詞相關的觸覺能力和摸讀描述。

　　然而，隨著學生學習的字詞與日俱增，在沒有開始傳授個別字方（字母或注音符號）的情況下，找到顯著不同的觸覺特徵難度日益增加。當在前字母期難以辨視整個字詞時，認我行開始正式進入教師未必有教學生的字母辨識。此時引導學生進入部分字母期，將有助於提高識字能力。

部分字母期

　　在部分字母期，印刷文字讀者在字形和發音之間慢慢建立了連結。可能會記得 b 看起來像是一顆球藏在球棒後面，而且發 / b / 的音，依此策略學習其他字詞。識字不像完全解碼，而是使用字首或字尾的字母或注音符號發音來記字詞。

　　在認我行中，當學生開始辨識或學習關鍵詞彙的首字母時，就進入摸讀的部分字母期。此時會學習透過觸覺特徵辨識字母或注音符號，並學著透過字詞中的一個或多個字母或注音符號辨識字詞。有時，對課程的討論

來自課堂內的機會教育。學生可能有兩個同一個字母（注音符號）開頭的字詞，如此，第一個字母（注音符號）或形狀，不再是區別辨識特徵。所以教師將此字母（注音符號）及其發音命名，接著和學生討論以該字母（注音符號）和發音開頭的兩個字詞，並挑選其他特徵，以區分兩者。

例如，已經會辨識的字詞 beautiful，可能會跟在另一個以 b 開頭的單字之後，例如 bird。這是一個絕佳的機會，可以指出 bird 與 beautiful 的開頭一樣，首字母的發音也相同。以這種方式學習 b 更有意義，因為與兩個有意義的單字相關。beautiful 較長，最後有一個 l，bird 較短，沒有 l。由於和有意義的單字相關，如今字母 b 和 l 對學生而言更有意義了。

在其他情況下，教師可以簡單的指出字首的字母（或注音符號），並與學生討論該字母（或注音符號），其名稱、發音、感覺，以及如何記住與辨識該字母。教師確實需要花一些時間分析點字中字母（或注音符號）之間的差異。印刷文字讀者可以將某些字母視覺化，例如：當你說「oh」時，o 看起來就像你嘴巴圍起來的那個圈；s 看起來像會發出聲音 / sssssss / 的一條蛇；或者 i 上面有一個點。點字不適用於如此類推，因此學生只需要記住字母的配置。

教師可以使用由美國點字印刷所（APH）為點字學習者提供，諸如 Swing Cell 或 Pop-A-Cell 之類的工具，將點字的字母或注音符號放大觀察。Swing Cell 由兩個木塊組成一個字方，頂部連接在一起，每塊有三個孔，因此共有兩排三個孔。可以將插棒插入這些孔中，就像點字方的排列。頂部的鉸鏈，讓兩個木塊如同它的名字一般展翅擺動，打開時，圓點對應於點字機上的六個按鍵，學生可以將手指放在釘子上，看看必須向下按壓點字機的哪個按鍵，才能像 Swing Cell 感覺到的字方相同。Pop-A-Cell 比 Swing Cell 小，並且讓使用者「彈出」或按下點字配置中未使用的 Cell，藉以呈現出完整的點字字方。

Swing Cell 和 Pop-A-Cell 都可以將點字放大，讓學生感受點字方的位置。點字放大有助於學生專注於位置，但是從放大觀察的點字方獲得的資

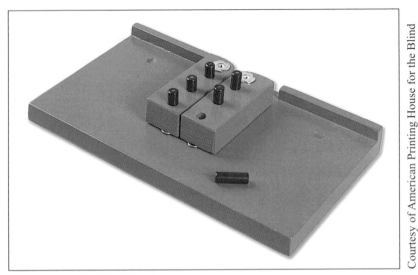

Swing Cell 闔起來的樣子。

美國點字印刷所（APH）提供。

Courtesy of American Printing House for the Blind

Pop-A-Cell。

美國點字印刷所（APH）提供。

Courtesy of American Printing House for the Blind

訊，必須轉換回真正的點字方大小。教師可以說明兩列圓點和字母中的圓點所在的位置，將其類化到點字機或點字板上的點寫。

　　教縮寫的方法可以像教字母一樣。縮寫可能會出現在句首、句尾，或是任何一個學生可能注意之處。實際上，學縮寫與學一個幾乎未見過的字母相較，難度並無顯著差異。在部分字母期，學生借助字詞中的一些重要字母或字方，以辨識整個字詞，繼而學習更多字詞，從而增加閱讀詞彙量。持續讓這些字詞富有意義，以維持閱讀的動機，並提供字母和字方的參照點（reference point），以協助學生學習它們。

全字母期

　　部分字母期後逐漸進入全字母期。印刷文字讀者在學習了所有字母（或注音符號）和發音後，進入這個階段，並且開始可以透過發音或拼音來找出不熟悉的字詞。由於印刷文字讀者身處於充滿印刷文字的環境，因此可以很快地進入閱讀階段。傳統點字素養教學法一開始時，也是將重點放在部分字母期。

　　隨著學生進入部分字母期，認我行透過越來越多的教學活動，來協助學生辨識字母和發音，從而將學生轉移到全字母期。隨著學生學會辨識越來越多的詞彙，他們將學習越來越多的字母和縮寫。有些是透過選擇學生的字詞而學到的。但是，教師需要確定，學生能夠辨識所有點字字母的發音及縮寫的情況下，學生才能在全字母期取得進步。如果到目前為止，學到的字詞沒有辦法學到新的字母和縮寫，那麼教師需要為當前未找到的字母和縮寫建構學習情境。

字母鞏固期

　　通常認為在全字母期之後，則隨之進入字母鞏固期。在字母鞏固期，學生可以將字劃分為首尾音（onsets and rimes，例如：m-at 或 c-at）。音首（onsets）是同一個字開頭的音，而尾韻（rimes）是字尾相同的單字家

族（word family），常見於一般英文教師教室布置的單字牆。尾韻 at 包含所有具有不同音首，且 at 結尾的字詞。

達到字母鞏固期，意味著學生正在辨識子音群（consonant blends，例如：bl-at、dr-at）及複合母音（vowel digraphs，例如：oo、ea）。由於關鍵詞彙是用於引導學生進入全字母期和字母鞏固期的方式，點字學習者的這兩個階段很可能同時發生。在字母鞏固期，學生學會記住有多個字母發音單元之間的配對，例如子音群或複合母音。在這個階段，使用首尾音教縮寫和尾韻、蒐集單字家族，以及增加點字讀者摸讀詞彙的機會。

增加識字量的另一種方法，是以其首尾音拼字規則（spelling patterns）具明顯差異者，為關鍵詞彙首選。例如，fish 的尾韻為 ish，但 beautiful 沒有這麼容易辨識。這兩個字都可以用在以子音為焦點的部分字母期，不僅僅能夠辨識子音和母音並拼讀，更著重使用音首和尾韻來解碼新字詞的能力。音首和尾韻模式協助學生開始能夠透過類推解碼字詞。因此，學生只要能夠辨識並念出 d 的頭音，就可以從 fish 類推到 dish。

較之於印刷文字讀者，點字讀者這兩個階段的時間可能略長，因為要學習的符號比字母或注音符號都多。繼續激勵學生擴大摸讀的字詞數量有其必要，除了關鍵詞彙，也可以從最初閱讀的字詞中衍生，成為摸讀詞彙的一部分。

拼讀教學階段使用關鍵詞彙的建議

教師可能會覺得使用這種直接又即興的教學，指導所有的縮寫及點字記號進行拼讀學習，是一項艱鉅的任務。然而，教師可以採取一些措施，使學生更容易完成任務，並將學到的內容，與有意義的字詞和故事聯繫起來。

提供教師以下建議，在各拼讀學習階段，協助學生使用有十分把握的關鍵詞彙和填充詞。切記！一旦課程進入字母鞏固期，並非所有關鍵詞彙

或填充詞，對拼讀教學都有同樣效果。

前字母期

- 運用關鍵詞和填充詞的重要觸覺特徵。
- 討論這個詞的感受，並學習第 4 章中提到的「摸讀描述教學」。

部分字母期

- 在學生所選擇的首要關鍵詞彙中，學習辨識字首的顯著觸覺差異。
- 討論字詞中字母或注音符號的發音，以及開頭發音相同的其他字詞。
- 所選字詞可以是活動、食物或其他學生的名字。
- 列出特定字母開頭的字詞清單，讓學生選擇想要閱讀或學習的字詞。
- 某些字詞可能不在學生的詞彙表中，但可以作為引發概念發展或詞彙教學的機會。可以選擇其中一些字詞，納入學生的閱讀詞彙，如此一來，學生可以閱讀的字詞數量將持續擴大，這些字詞也有助於故事發展。
- 選擇學生學過的字詞子音，添加大量字詞到學生的閱讀詞彙表中。

全字母期

- 隨著學生完成此階段，請確實記錄學生所學及精熟的點字記號。可以自編簡單的兩欄表格，記錄注音符號、字母及縮寫清單，用以檢查生字或精熟度。

字母鞏固期

- 隨著學生在此一階段持續進步，教師可以開始使用類似 Word PlayHouse 的教學工具包，將在下一節介紹。

- 讓學生自製點字單字家族，並透過學習首尾音規則，學習辨識更多的字詞。

- 有些字詞是用以討論學生缺乏的視覺經驗，並提供其實際接觸的機會，包括新的字詞和概念，從而擴大學生的世界及詞彙量。

讓學生主導學習。一名學生在學過幾個關鍵詞彙後，對 in 縮寫深深著迷。某日問了教師，是否可以盡學所有 in 的點字縮寫？在經過長時間的努力之後，他們將所有 in 縮寫盡數收羅。學生想要將所有蒐集到的 *in* 字詞，寫進一個故事中，因之出現了一些傻里傻氣的句子和盈室笑語。寓教於樂，莫過於此！

學生會讀的關鍵詞彙和填充詞與日俱增，教師應持續記錄，以確定拼讀教學的成效如何。秘笈 8.1 提供了教師在教導拼讀時，使用關鍵詞彙和填充詞的步驟。教師可以將表分成字首字母字詞（initial letter words）或首尾音字詞（onset/rime words），用於教拼讀、注音符號或字母及縮寫辨識。教師還應該注意哪些字詞有子音群（兩個以上子音組成明顯的音）、複合音（用兩個字母表示一個音或音素），或者含有各種母音。趁著學生注意，或談及字母、字母組合、縮寫及注音符號時，把握機會教育的時機萬分重要。教師要知道學生真實感受如何，並觀察是否為真。教師不需要堅持所談論的一切都非要納入學習課程不可。

有些閱讀教科書，如：Vacca 等人（2012），Graves、Juel、Graves 和 Dewitz（2011）或其最新版本，為教師提供拼音活動，以及字母組合類型做參考。*Reading Connections*（Kamei-Hannan & Ricci, 2015）這本書也有很多關於拼音活動和遊戲的建議。也可以與專業團隊或校內教師合作，了解更多閱讀教學資源，拼音教學活動有很多資訊足供參考。

使用 Word PlayHouse 教導拼音和拼寫技巧

Word PlayHouse（可從美國點字印刷所購得）是為教師介紹加強學生

秘笈 8.1

使用關鍵詞彙和填充詞進行拼音和音素覺識教學的步驟

1. 列出學生學會的所有字詞。
2. 分析字的子音字母（或子音符號的聲母），列出作為開始使用的音。
3. 分析字的尾韻或韻母。有些字可能沒有韻，有些單字則有一到兩個。
4. 記下學生在課程中討論的任何子音字母（或聲母）。這些都是建立拼音和音素覺識技能的絕佳起點。
5. 選擇您要開始的字母、縮寫或韻母。（雖然大多數拼音技能培養是從子音開始，但學習點字不一定遵循傳統的模式。如果學生對縮寫非常感興趣，由此開始也無妨。重要的是先學再說。）
6. 詢問學生是否可以建議其他具有相同發音的字詞。要特別當心發音相同但拼寫不同的字。例如，有時發音是 / k /，但是字母是 c（/ kat /）。必須向學生解釋 cat 和 kitkat 的拼寫方式不同。（有關提供最常見韻母相關資料的網站，請參閱參考資料部分。）
7. 將學生建議的字詞，列為教學的閱讀字詞清單。如果學生未能表示意見，請添加學生理解的其他字詞。
8. 使用美國點字印刷所（APH）出版的 Word PlayHouse，協助您用這些發音玩遊戲。

關鍵詞彙拼音和拼寫技巧的一整組教材。教材內含數百個字卡，包括：母音、子音、子音群、複合母音、字尾（word endings）和單字家族。全都是放大字體，雙視點字，可以收納於活頁夾中。附有小黑板供學生上課使用，可以操作字母以構建字詞、單字家族、拼寫和新詞彙。學生會喜歡操作字卡來創作及閱讀字詞。

安排適合學生使用的組合教材

　　Word PlayHouse 教材包含大量的字母和字母組合卡，看起來似乎很難整理。但是，並不會一次使用所有卡。有一些縮寫和單字家族尾音的字卡可能無用武之地。一開始，教師只需要下面所羅列的字卡。將每組卡放在

活頁卡上單獨成頁，並將其收納於 Word PlayHouse 活頁夾中，以便於教學使用。

- 26 個子音和母音字卡，幾個相同的字母卡。
- 出現在學生關鍵詞中的子音群或複合母音，例如 fl、sp、sh、th、ck。
- 在關鍵詞彙中找到的共同語法（單字家族字尾），可用於自編押韻詞，例如 at、ide、eep、ack。
- 關鍵詞彙的縮寫。
- 用空白卡片和點字標籤貼紙自製大寫符號，用於閱讀和拼寫名稱。

在小黑板的左側，將學生學過的字母放在最上方；以下放置當前課程要教的子音群、單字家族字尾、縮寫。如果需要，可以使用 Picture Maker: Wheatley Tactile Diagramming Kit（可從美國點字印刷所購得）中的細長條帶，或使用彩色蠟條分隔字卡組，以便學生在拼寫活動時更易找到字卡。小黑板的右側，是教師和學生上課所使用的空間。

Courtesy of American Printing House for the Blind

美國點字印刷所（APH）Word PlayHouse 套組。

教學小秘訣

（譯註：以下雖是用英文單字舉例，但單字的子音改為注音符號的聲母，母音換為注音符號的韻母一樣適用。）

- 將重點放在首尾音，而非逐字逐句的念出來。例如，關鍵詞 bag（將 bag 切割）則分為首音 / b / 和尾音 / ag /，而不是分為三個音 / b / / a / / g /。搜尋關鍵詞中較長的字母組合，用於單字家族。例如 Jordin Sparks（流行歌手）中 ark 的組合或 tattoo（紋身）中 at 的組合。這樣的目的是協助學生使用已經知道的字母組合，以利解碼和拼寫新字詞。

- 加入解碼和編碼（拼寫）活動。例如：
  ◇ 解碼：在小黑板的右側製作尾音字卡 ag。替換不同的子音或子音群以自編新單字，請學生閱讀每一個單字，如 rag（抹布）、nag（嘮叨）、tag（標籤）、wag（搖擺）、flag（旗幟）。
  ◇ 編碼：在小黑板的右側製作尾音字卡 ag，並在 ag 系列單字中說出一個字。讓學生在小黑板的左側找到開頭的子音或子音群，並將其放在 ag 前面。

- 使用 Word PlayHouse 卡，製作具有相同尾音（單字家族）的單字清單或字卡，供學生閱讀。鼓勵學生將清單或字卡上的單字，製成點字卡。

教學語音的遊戲和活動

使用 Word PlayHouse，教師可以與學生一起進行許多活動和遊戲，以利拼音教學，臚列如下。此外，參考資料包括網站和書籍，其中有用於拼音教學的遊戲和教材來源。

張冠李戴（Scrambled Name）

教師將學生姓名中的字母混合在一起，讓學生按順序重新排列。教師在小黑板上放置一張大寫卡，由此開始往下排列。如果學生名字較長或節奏速度較慢，教師可以只讓學生先找前兩個字母，再逐漸增加要找的字母。

腦筋急轉彎（Riddles）

在小黑板的右側，教師列出一組相同字尾的單字家族。教師給學生一個謎語，看看是否可以猜到謎底的字詞。例如：

1. 單字家族的字尾：ake。
2. 謎語：教師說：「猜猜你生日那天吃的東西。」
3. 回應：學生說：「cake（蛋糕）」，找到 c 字卡，放在 ake 之前，接著讀出這個單字。
4. 換字：教師給學生另一組單字家族字尾，並請學生出題。

牛頭不對馬嘴（Real or Nonsense?）

教師從學生的關鍵詞彙中找一組單字家族字尾，並找十張以上學生已精熟的 PlayHouse 子音或子音群，放進一個小袋子中。有些字卡在添加某些尾音時，會成為一個單字，其他則否。

教師讓學生搖晃小袋子，拿出一個字母，接著把它放在小黑板上。如果可以拼成一個單字，學生就將該字母放在尾音的前面組成單字。如果是一個無意義的字詞，教師則將其放在另一行。

閱讀並比較單字和無意義字詞的數量。

造句疊疊樂（Chunk Stacker）

Chunk Stacker 是一款用首尾音進行的市售遊戲。它類似於美國點字

印刷所 Word PlayHouse，是能堆疊的塑膠磚。但與其拿來玩疊疊樂，不如將點字貼在上面，用來進行類似於「牛頭不對馬嘴」的遊戲。教師將十張以上子音磚放入一個袋子中，請學生從袋子中挑選一塊磚，再把一塊尾音磚放在旁邊組成了一個單字。如果這個單字有意義，學生應該嘗試用這個單字來造句。若否，學生直接說沒有這個字即可。

變化：教師可以使用一個袋子裝十個不同的尾音，再選擇一個學生熟悉的首音。從袋子中取出一塊尾音磚，並將其放置在首音旁邊。如果形成一個單字，請學生用這單字造句。若否，請學生告訴教師沒有這個字。

下一章將介紹如何選用符合學生興趣的市售書籍，用以擴展學生詞彙。

William E. Wormsley

和學生玩「造句疊疊樂」。

CHAPTER 9

拓展閱讀寫作詞

　　教師 Kendall 的學生 Jenny 想學紋身這個詞。Kendall 問她對紋身有什麼了解，原來是她的表哥要紋身，他還提到了針。Jenny 想知道紋身是否會受傷。Kendall 女士藉此機會解釋什麼是紋身，並與 Jenny 外套上一些凸起的繡字進行了比較。Kendall 告訴 Jenny，紋身就像繡字，是一種裝飾，只是繡字是繡在外套上，紋身是刺在皮膚上，雖然光滑，但紋身之後就洗不掉了。她還告訴 Jenny，她不確定表哥紋身的傷口癒合之後，Jenny 是否能摸到紋身，就像她能感受到繡字一樣。她解釋說，Jenny 的表哥可能會去紋身館紋身。她問 Jenny 是否聽過「會館」，Jenny 說有，Kendall 解釋，「館」這個字意味著提供某些服務的場所。她又問 Jenny 是否知道表哥會紋什麼樣的圖案，還談到用針將墨水注入皮膚可能會有什麼影響。Jenny 決定向她的表哥詢問更多關於紋身的細節，並讓 Kendall 知道是否能夠摸到它。在談話的時候，Kendall 為 Jenny 寫了紋身這個詞。她製作了幾張紋身的字卡，並將它們交給 Jenny。Jenny 非常興奮的摸讀這個詞，並且急欲了解更多有關她表哥紋身的事，用來當做創作故事的材料。

　　當教師運用認我行點字教學策略的各個招式時，將發現自己會和學生討論他們感興趣的各種主題，正如關於 Jenny 和紋身的小插曲一般。這些討論，有助於教師確定學生對自己世界的理解是否正確。這些討論時間也可以用來擴展學生關於現實生活的語言，Kendall 解釋「館」這個字的用法，即是一例。

　　在下一節課中，Jenny 告訴 Kendall，她知道表哥的紋身圖案，以及要去紋身的地點。她想寫一篇關於紋身的故事。以下的故事，是她和 Kendall 討論後獲得的靈感。

> ### 紋身
>
> 　　我的表哥想要紋身。
>
> 　　他要一隻飛鷹紋身。
>
> 　　飛鷹將在左臂隨身。
>
> 　　他要去 LA INK 紋身店紋身。
>
> 　　他自申，有人認為紋身傷身，但他不想虛度一生。
>
> 　　我也想要紋身。

　　在這個故事中有一些新的字詞和短句，Jenny 之前未曾寫過。Kendall 用點字寫了這個故事，Jenny 跟著點寫一次。接著 Jenny 重讀了故事。Jenny 對自己的故事興致盎然，並要求要自己朗讀。當她停頓時，Kendall 會提示該詞或短句。Jenny 在點字中沒有學過的一些短句，包括「將」、「左臂」和「LA INK」等等。故事中的某些詞語，是 Jenny 尚未學習的點字。Kendall 將在下一節課中，將這些字製作成點字字卡。如今，Jenny 很高興能有自己的故事，並且可以自行閱讀大部分內容。

　　教師切記，不只是簡單的教導閱讀，更是教導語文，尤其是那些閱讀困難的讀者，和詞彙量非常有限的孩童。以此方式增加學生的詞彙量，可以擴大學生對現實生活的理解，同時提高閱讀世界的能力。

利用市售圖書

擴展學生閱讀詞彙的另一種方法，是閱讀和學生興趣相關的市售圖書。重點是要確定這些書籍簡單易讀。威斯康辛大學麥迪遜分校教育學院綜合兒童圖書中心（Comprehensive Children's Book Center at the School of Education, University of Wisconsin–Madison）在其網站上列出兒童圖書（市售圖書和故事書）的綜合清單，其中包括押韻、重複閱讀等書籍（更多有關其他兒童圖書來源的資料，請參閱本書附錄的參考資料）。綜合兒童圖書中心羅列的每本書，都有說明該書的適讀年齡。因此教師可以參考說明，將其標註的適讀年齡與學生目前的閱讀水準進行評估，選擇適合學生閱讀能力的書籍。這些書籍來自各出版商，不一而足。

另一種搜尋市售圖書的方法，就是使用關鍵字搜尋「橋樑書／主題」，英文讀物用「橋樑書／英文／主題」進行網路搜尋，就可以找到適合初學者閱讀的相關讀物。大多數特定主題列出的圖書，其網頁都有標明適讀年齡。這些書籍也多能在學校圖書館中找到，但如果沒有，也可以和圖書管理員討論是否需要訂購，一起確認是否適合學生，而無需購買。教師也可以諮詢專業團隊，詢問是否有圖書來源相關資訊。

此外，美國點字印刷所（APH）有一個點字素養圖書網站（參見參考資料），其書目分類，還列出書中包含的點字縮寫，因此教師可以預想，哪些詞彙學生遇到可能會覺得困難。並在閱讀本書之前，預先教導這些字詞。APH 點字素養入門系列書都是雙視點字，圖書頁面上都有透明的點字標籤。教師可以透過 APH 聯邦儲值系統（APH Federal Quota System）購買這些書和點字標籤，APH 也不斷豐富書單以供採購。教師可以與學生一起註冊使用此 APH 網站，並可以利用該網站記錄學生已經學過哪些縮寫。該網站可以將教師所提供關於學生的資料，比對書中的資訊，做出適當的建議：學生若要自行閱讀該書，還需要學習多少字母和縮寫。

閱讀這些短篇的圖書，可以激勵那些獲致成功閱讀經驗的學生。因為

圖書是以雙視點字呈現,所以學生可以帶回家,並念讀給父母聽,或者大聲朗讀給自願聆聽的聽眾:可以是另一位點字學習者,也可以是普通班的同學,如果遇到特別難的字詞,聽眾還能夠助其一臂之力。

將點字用於探索生活環境的秘訣

　　擴展學生語文、閱讀和寫作詞彙的另一種方法,是讓點字在生活情境中發揮功能。以下是將點字納入日常活動的一些建議。根據學生的寫作能力,若學生能力許可,盡可能讓學生完成。而尚未精熟的部分,就建議由教師完成。身為教師,你也可以為學生提供其他建議。

- 搜尋學校辦公室,看看是否有使用點字標籤。若是,請協助學生閱讀。若未使用點字標籤,請協助學生:(1) 查清需要哪些點字標籤;(2) 協助學生點寫標籤;(3) 將標籤貼在適當的位置。
- 如果學校有每日最新消息,包括營養午餐菜單或其他資訊,請製作一份點字版本供學生閱讀。
- 讓學生為朋友和家人留言。留言可以是生日祝福、笑話、待辦事項清單或邀請卡。
- 製作點字食譜,須清楚列出材料和步驟。
- 製作點字通訊錄,列出姓名及連絡方式。
- 用點字寫出購物清單,並在購物時使用,在商品放入購物車時將其劃掉。〔在該項目上貼貼紙或彩色蠟條(Wikki Stix),或簡單擦掉前幾個字母。〕
- 使用點字標記 CD、DVD 或其他類似物品。
- 為學生製作一本雙視點字笑話集或小語錄,與朋友和家人分享。
- 在 UNO、Chutes and Ladders 或字卡等遊戲中添加點字,並教學生遊戲規則。
- 設計節日限定套餐,為每個人的桌牌製作點字標籤。

- 編製點字版歌詞。用學生最喜歡的歌曲編製歌詞集。
- 持續使用點字記分卡進行遊戲。
- 使用點字字卡進行如賓果（Bingo）、填字遊戲（Hangman）或機智問答（trivia game）等遊戲。
- 用點字說明當天、當週或當月菜單。
- 試著找出學生在家中或學校時，可以使用點字的任務。例如，在學校，孩子必須把通知單放在教師的信箱。每個信箱都有註明教師姓名的點字標籤。
- 進行簡單的調查。用點字提出以關鍵詞彙形成的問卷調查（例如：「你喜歡 pizza 嗎？」）並協助學生統計問題的答案，製成可以摸讀的統計圖表。
- 為學生的個人物品和教材（如活頁夾、餐盒等）製作點字標籤。
- 在有視障生的班級介紹點字，將視障生同班同學的名字製成點字讓他們帶回家。（別忘了班級任課教師！）
- 教同學用點字機點寫各自的名字。示範每個字母的指法，讓同學模仿。
- 為特殊節日的禮物點寫禮物標籤。讓學生摸讀標籤協助傳遞禮物。
- 製作家中使用的點字工作表：左側列出家務，最上一欄為當週日期。使用貼紙或星星標示工作何時完成。

秘笈 9.1 列出了點字的許多功能性用途，這些是由環境中可能發生的事組織而成。該清單是由教師集思廣益，可以在這些環境中使用點字的不同方式，但可能超出或低於學生當前的表現水準（例如，做決定，這意味著學生可以在吃或穿兩件事之間做出選擇）。這份清單只是提供想法，協助學生在每天的生活之中，盡可能多搜尋和使用點字。

秘笈 9.1

不同環境中點字的功用

學校

讀說明書、書籍	抄錄資訊
做筆記、留言	定向空間
填寫表格	使用地圖
閱讀資料（午餐菜單、公告、時	抉擇
間表）	溝通
物品或教材定向	標籤儲物櫃、架
完成作業	閱讀組合

家

標記個人物品（如影片）	處理訊息
通訊錄（電話和地址）	閱讀雜誌、報紙
寫作和閱讀信件、筆記、訊息、	寫作、閱讀、發送郵件
食譜	管理資金（儲蓄或確認帳戶）
使用日曆	標註設施、設備（遙控器、錄放
標註盒子、食品容器	影機等）
標記服裝	標註櫃子和抽屜
玩遊戲、字卡	學習、閱讀、寫作業
寄賀卡	溝通

社區

閱讀菜單	點寫並閱讀購物清單、位置圖
閱讀地圖、交通工具時刻表	使用 ATM、電梯、洗手間

工作

標記物品、設備、機器	標記個人物品
排定工作，標記文件夾、抽屜	寫便條
收發訊息	處理郵件
閱讀資料	管理工作證、出缺勤卡和手錶
排行程	溝通
使用清單完成工作	

資料來源：Reprinted from Wormsley, D. P. (2000). *Braille literacy curriculum* (p. Section II, 6). Philadelphia: Towers Press.

持續記錄

　　教師需要追蹤學生在學習檔案中感興趣的主題，作為搜尋讀物的參考。記錄學生閱讀的書目也很重要，以便其他人了解學生能夠獨立閱讀，或需要協助讀哪些書。學生透過閱讀這些書籍而學習的填充詞，可以添加到字詞清單中，並為新字詞和短句製作字卡。接著，教師可以在每月紀錄中納入這些字詞。

　　使用市售圖書是一個很好的機會，可以如下一章所述，用正確的韻律（prosody）〔語調（intonation）、聲調（inflection）、音程（pitch）〕來練習閱讀流暢性。第 10 章討論可用於協助認我行學習者流利閱讀的竅門，提供有意義的閱讀實證。

閱讀流暢性教學

　　儘管本書未將閱讀流暢程度作為教學目標進行討論，但流暢程度很重要。流暢性是指能迅速、準確表達的閱讀能力，其有助於熟練的閱讀和理解。識字自動化是閱讀流暢性的基石，認我行從一開始就致力於發展關鍵詞彙。當學生能夠自動辨識有意義的字詞時，會獲得成就感。而成就感轉化為持續學習閱讀的動機。

　　認我行提出了一些策略，協助學生學會辨識字詞，使用這些字詞閱讀故事，進而編寫故事以供閱讀。該方法強調識字的準確性（緊接著學會辨識字母或注音符號、縮寫）。學生的關鍵詞彙用於導入字詞模式，和學習辨識這些模式，例如首尾音或子音群，用於拼讀和解碼指令。隨著學習的字詞日漸增加，學生開始閱讀關鍵詞彙加上填充詞的故事，此時仍然需要準確的辨識。認我行花費時間在快速準確的識字上。流暢的識字通常被稱為自動化，其中涉及準確性和速度（Kuhn, 2004）。

　　關於流暢性的文獻曾提出許多方法建議，能讓學生提高閱讀流暢性，並了解流暢性對閱讀理解有正向影響（Kuhn & Rasinski, 2011; Rasinski, 2009）。在認我行中，將學生理解作為目標，以確保他們理解所學字詞的含義，協助彼等理解自己寫的故事。例如，當使用首尾音等拼讀方式來增加學生的閱讀詞彙時，要先確定這些新字詞對學生而言是有意義的。

　　為評估學生是否能流暢閱讀，教師經常使用的方式是評估每分鐘正確

讀出之字數。對於正在學習使用認我行閱讀的學生來說，進行此評估的困難之處，是學生所讀的不是自編故事，而是幾乎和學生沒有關聯的文本（至少最初是這樣）。因此，對於這些讀者來說，每分鐘正確字數的測驗能識得的字不多。然而，結合成功的閱讀流暢性教學，亦即讓學生學習閱讀其所寫的故事〔有關聯的文本（connected text）〕，且這些故事是和學生所學的字詞相契合，如此一來學生的閱讀流暢性就能提升。如果以提高這些學生的閱讀流暢性測驗表現為教學目標，會因花較少時間去閱讀對學生有意義的文字和故事，而使學生的學習機會降低。

制定閱讀流暢性策略

另一個有助於閱讀發展提升的閱讀流暢性要素（Kuhn, 2004）是韻律（prosody）。所謂韻律是指使用音調、重音（stress）以及適當的斷詞（phrasing）讀出段落文意（written passage sounds）。教師除了使用幾種策略，來幫助學生發展正確和快速識字的能力之外，還可以將幾種策略融入認我行點字教學中，以協助學生念得有聲有色（the ability to read with expression）。這些策略可以在 Kuhn 和 Rasinski（2011）的著作找到，其中介紹了 Rasinski（2009）流暢性閱讀教學的四個原則：

1. 示範。
2. 聲援。
3. 著重斷詞。
4. 閱讀接續性文本（reading continuous text）。

以下詳述此四項原則，並且可以在認我行點字教學策略的脈絡中隨心應用。

示範

Rasinski（2009）認為，示範強調教師為孩童大聲朗讀優秀兒童文學

的重要性，並且每天都要留時間，讓教師和其他流暢閱讀者大聲朗讀。然而，這個學習策略可能不適合認知方面有特殊需求，且不理解閱讀材料的學生。閱讀不流暢的學生可能意想不到，流暢的閱讀是為自己大聲朗讀做示範。認我行學生經常大聲朗讀自己以關鍵詞彙寫的故事。雖然可能有正確和快速的識字，但對故事的閱讀起步（initial reading）可能落在全國教育進步評估（National Assessment of Educational Progress, NAEP）《念讀流暢量表》（*Oral Reading Fluency Scale*，參見表 10.1）的第一級或第二級，意味閱讀表現不流暢。用表達式閱讀（reading with expression）與理解正在閱讀的文本有關；如果沒有理解文本，那些傾聽閱讀文本的學生，可能無法將這些意義如何影響詞語的表達方式聯繫起來。如此不僅是聽一個難以理解的故事，而且由於缺乏理解，可能無法進入預期的流暢模式。因此，這種表達閱讀的示範，可能不會進入學生自己的閱讀方式中。

認我行教師使用一種更好的教學法，是用學生所理解的故事，示範流暢閱讀。可以是學生和教師共同寫的故事，或者是教師主筆，關於學生興趣的故事。抑或是一本教師和學生共讀的童書，並對學生解釋故事的含義，以確定學生閱讀的同時能理解它。朗讀學生理解的故事，讓學生聽到表達方式隨著意義的變化而變化；換句話說，它有助於學生理解閱讀中短句的含義及使用的表達方式。

使用認我行的教師從閱讀教學開始，就與學生一起創作故事。隨著逐個故事學習，教師可以示範閱讀故事時的表達方式，即使只有幾個句子。如果學生沒有按照教師的指示嘗試合宜的表達方式，那麼教師必須明確呼籲學生注意故事中使用的韻律。而示範可以同時伴隨聲援。

聲援

在對學生熟悉的故事進行閱讀示範之後，教師可以請他們一起閱讀故事。這種類型的平行閱讀（parallel reading）通常稱為複述式閱讀（echo reading）或配對式閱讀（paired reading）。當遇到無法自動化識

表 10.1／全國教育進步評估《念讀流暢量表》，4 年級

流暢性	第四級	一口氣念一段內容有意義的長段落。若不影響整體故事結構，允許反覆念或與文本略微不同的情形。完整保留作者的文法結構，閱讀故事時，大多有適當的抑揚頓挫。
	第三級	念讀時每一個停頓之間的片語只有三、四個字。其中大多數片語是恰當的，而且保留作者的文法結構。稍有抑揚頓挫。
不具流暢性	第二級	停頓之間多為兩個字的字群，偶爾有三或四個字的片語。有時甚至是逐字念。所念出來的字群不正確，且和上下文或是段落無關。
	第一級	每念一個字就停頓一下。偶爾有兩個字或是三個字的字群，也未有意義的文法結構。

資料來源：U.S. Department of Education, Institute of Education Sciences, National Center for Education Statistics, National Assessment of Educational Progress. (2002). *Oral reading study: Oral reading fluency scale*. Washington, DC: Author. Retrieved from http://nces.ed.gov/nationsreportcard/studies/ors/scale.aspx

字時，教師會領讀以協助學生。在複述式閱讀過程中，教師會示範聲調（inflection）和斷詞，正如教師在閱讀故事時所呈現，以演示朗讀的韻律。如此一來，能加強學生的閱讀流暢性，引導其學習成為正確的讀者。

齊聲朗讀（choral reading）是複述式閱讀的其中一種形式，許多學生共同朗讀相同的段落，著重韻律。由於教學形式之異，認我行學生通常不會有這麼多同學同時上課。

還可以透過錄音形式找到聲援，學生可以在閱讀該段落的同時，也聽該段落的錄音。童書形式的故事，錄音可以由教師錄製，也可以在市面上找到專業錄製的錄音。練習讀點字版本，並用錄音模仿韻律，將有助於學生更流暢的閱讀，並對閱讀更有信心。

著重斷詞

教師可以使用的第三種策略，是關注特定段落或段落中的斷詞。這包括示範閱讀時何時停頓，何時將所有字詞組合成短句，以達到表達目的。讓朗讀時聽起來像說話，與許多初學的讀者在閱讀時，所表現出的缺乏抑揚頓挫不同。教師應該在學生閱讀時，不斷示範如何斷詞。教師可以先朗讀故事，並為故事的特定部分提供正確的斷詞，因為這對於學生來說可能是困難的。當學生閱讀故事的該部分時，如果學生沒有正確表達，教師可以再次示範正確的斷詞。而學生正確斷詞時，教師應適時讚美。

閱讀接續性文本

學生閱讀量越多，念讀（oral reading）就越流暢。認我行學生將受益於教師逐漸增加閱讀接續性文本的數量，並且還提供對學生而言越來越具有挑戰性的文本。Kuhn 和 Rasinski（2011）研究證據指出，讓學生閱讀接續性文本，提高學生閱讀文本的程度，能有效達成更流暢的閱讀。

持續記錄

為了監控學生達成流暢性閱讀的進度，教師不僅需要測量每分鐘正確閱讀的字數，還需要測量韻律。每分鐘正確的字數，可以記錄學生在 5 分鐘內讀對多少字，再將該數字除以 5 來評估。接著，教師可以將每分鐘正確字數，與念讀流暢性的評估結合起來，例如 NAEP 量表提出的評估（參見表 10.1）。該表為教師提供了學生閱讀流暢程度的目標，以確定學生取得進步。

總結

　　本章介紹流暢性，是認我行的最後一部分，因此是本書的最後一章。正如實踐指引開頭所提到的，此教學法並非按照順序而設計。例如，一旦學生接觸到追跡，則可以將追跡結合到每個課程中。一旦介紹了寫作，那麼每個課程都可以加入涉及寫作的片段。第 4 章提到的課程摘要表包含可以圍繞其設計特定課程的方法招式的清單。認我行傳授的是「心訣」，而非「招式」，臨場以意馭招，千變萬化，無窮無盡。第 4 章提到的課程摘要表，以特定課程為中心，將可以融入的招式列出清單。每個課程可以包括多個招式，或者只集中一、兩個招式，取決於教師對學生的了解及隨機應變。例如，因為教師認為流暢性閱讀很重要，所以將這一個招式列為課程的重點。

　　我衷心期盼認我行能提供教師所需的指導，以協助學生點字啟蒙，直至成為名符其實的讀者。也期待教師享受此一過程，且能以論文或工作坊的形式，在研討會上與眾人分享經驗。最終的目標，是希望由低視力的領域傳遞一個重大訊息：低視力及其他特殊需求學生，都可以是名實相符的讀者。

參考文獻

Anderson, R. C., Hiebert, E. H., Scott, J. A., & Wilkinson, I. A. G. (1985). *Becoming a nation of readers: The report of the Commission on Reading.* Washington, DC: U.S. Department of Education, The National Institute of Education.

Ashton-Warner, S. (1963). *Teacher.* New York: Simon and Schuster.

Bishop, V. E. (1991). Preschool visually impaired children: A demographic study. *Journal of Visual Impairment & Blindness, 85*(2), 69–74.

Charlson, K. (2010). *Drawing with your Perkins Brailler.* Watertown, MA: Perkins School for the Blind.

Ferrell, K. A., Shaw, A. R., & Deitz, S. J. (1998). Project PRISM: A longitudinal study of developmental patterns of children who are visually impaired (Final Report, CFDA 84.023C, Grant H023C10188). Greeley: University of Northern Colorado, Division of Special Education.

Gaskins, I. W., Ehri, L. C., Cress, C., O'Hara, C., & Donnelly, K. (1997). Procedures for word learning: Making discoveries about words. *The Reading Teacher, 50*(4), 312–327.

Graves, M. F., Juel, C., Graves, B. B., & Dewitz, P. (2011). *Teaching reading in the 21st century: Motivating all learners* (5th ed.). Boston: Pearson.

Hatton, D. D., Erickson, K. A., & Lee, D. B. (2010). Phonological awareness of young children with visual impairments. *Journal of Visual Impairment & Blindness, 104*(12), 743–752.

Kamei-Hannan, C., & Ricci, L. A. (2015). *Reading connections: Strategies for teaching students with visual impairments.* New York: AFB Press.

Kliewer, C. (2008). *Seeing all kids as readers: A new vision for literacy in the inclusive early childhood classroom.* Baltimore: Paul H. Brookes Publishing Co.

Koenig, A. J., & Holbrook, M. C. (2000). Ensuring high-quality instruction for students in braille literacy programs. *Journal of Visual Impairment & Blindness, 94*(11), 677–694.

Kuhn, M. (2004). Helping students become accurate, expressive readers: Fluency instruction for small groups. *The Reading Teacher, 58*(4), 338–344.

Kuhn, M. R., & Rasinski, T. (2011). Best practices in fluency instruction. In L. M. Morrow & L. B. Gambrell (Eds.), *Best practices in literacy instruction* (4th ed., pp. 276–294). New York: The Guilford Press.

Kusajima, T. (1974). *Visual reading and braille reading: An experimental investigation of the physiology and psychology of visual and tactual reading.* New York: American Foundation for the Blind.

Leu, D. J., & Kinzer, C. K. (1991). *Effective reading instruction K-8* (2nd ed.). New York: Merrill.

Lonigan, C. J., Anthony, J. L., Phillips, B. M., Purpura, D. J., Wilson, S. B., & Mc-Queen, J. D. (2009). The nature of preschool phonological processing abilities and their relations to vocabulary, general cognitive abilities, and print knowledge. *Journal of Educational Psychology, 101*(2), 345–358.

Malloy, J. A., Marinak, B. A., & Gambrell, L. B. (2010). Introduction: We hope you dance: Creating a community of literate souls. In J. A. Malloy, B. A. Marinak, & L. B. Gambrell (Eds.), *Essential readings on motivation* (pp. 1–9). Newark, DE: International Reading Association.

Millar, S. (1997). *Reading by touch*. New York: Routledge.

Moustafa, M. (1997). *Beyond traditional phonics: Research discoveries and reading instruction*. Portsmouth, NH: Heinemann.

National Early Literacy Panel. (2008). *Developing early literacy; Report of the National Early Literacy Panel. Executive Summary*. Washington, DC: National Institute for Literacy. Retrieved from https://lincs.ed.gov/publications/pdf/NELPSummary.pdf

National Reading Panel. (2000). *Teaching children to read: An evidence-based assessment of the scientific research literature on reading and its implications for reading instruction*. Washington, DC: National Institute of Child Health and Human Development. Retrieved from www.nichd.nih.gov

Opitz, M. F., Rubin, D., & Erekson, J. A. (2011). *Reading diagnosis and improvement: Assessment and instruction* (6th ed.). Boston: Pearson.

Rasinski, T. V. (2009). Fluency for everyone: Incorporating fluency instruction in the classroom. In T. V. Rasinski (Ed.), *Essential readings on fluency* (pp. 17–20). Newark, DE: International Reading Association.

Senechal, M., LeFevre, J., Smith-Chant, B. L., & Colton, K. V. (2001). On refining theoretical models of emergent literacy: The role of empirical evidence. *Journal of School Psychology, 39*(5), 439–460.

Stratton, J. M., & Wright, S. (2010). *On the way to literacy: Early experiences for visually impaired children*. Louisville, KY: American Printing House for the Blind.

Strickland, D. S., & Schickendanz, J. A. (2009). *Learning about print in preschool: Working with letters, words, and beginning links with phonemic awareness* (2nd ed.). Newark, DE: International Reading Association.

Swenson, A. M. (2016). *Beginning with braille: Firsthand experiences with a balanced approach to literacy* (2nd ed.). New York: AFB Press.

U.S. Department of Education, Institute of Education Sciences, National Center for Education Statistics, National Assessment of Educational Progress. (2002). *Oral reading study: Oral reading fluency scale*. Washington, DC: Author. Retrieved from http://nces.ed.gov/nationsreportcard/studies/ors/scale.aspx

Vacca, J. L., Vacca, R. T., Gove, M. K., Burkey, L. C., Lenhart, L. A., & McKeon, C. A. (2012). *Reading and learning to read* (8th ed.). Boston: Pearson.

Wagner, R. K., Torgeson, J. K., & Rashotte, C. A. (1994). Development of reading-related phonological processing abilities: New evidence of bidirectional causality from a latent variable longitudinal study. *Developmental Psychology, 30*(1), 73–87.

Whitehurst, G. J., & Lonigan, C. J. (2003). Emergent literacy: Development from prereaders to readers. In S. B. Neuman & D. K. Dickinson (Eds.), *Handbook of early literacy research* (pp. 11–29). New York: The Guilford Press.

Wormsley, D. P. (2000). *Braille literacy curriculum*. Philadelphia: Towers Press.

Wormsley, D. P. (2004). *Braille literacy: A functional approach*. New York: AFB Press.

Wormsley, D. P. (2011). A theoretical rationale for using the Individualized Meaning-centered Approach to Braille Literacy Education with students who have mild to moderate cognitive disabilities. *Journal of Visual Impairment & Blindness, 105*(3), 145–156.

Wormsley, D. P., & D'Andrea, F. M. (Eds.). (1997). *Instructional strategies for braille literacy*. New York: AFB Press.

Wormsley, D. P., & McCarthy, T. (2013). *Trends in implementation of the I-M-ABLE approach*. Presentation at the Getting in Touch with Literacy Conference, Providence, RI.

附錄

●● 表格 ●●

基線期資料彙整紀錄表

姓名：_____

日期：_____

第一部分　態度：閱讀 VS 點字

動機調查

指導語：「我會問你一些關於你對事物的感受問題，需要你能針對這些詞回答『讚』、『還好』或『糟透了』。」（為了讓學生正確使用這些詞的意思，你們要討論一下。）

注意事項：

- 有時學生會偏好於某一、兩個選項。要讓學生知道必須如實表達。
- 請注意，有些學生只是喜歡聽或說某些字詞，例如，如果學生迷戀於問卷中使用的『讚』，那麼教師應該換另一個不那麼吸引他的詞語供其使用。
- 如有必要，請多次嘗試回答如下練習題。

動機調查練習題

1. 你對 [最喜歡的食物] 感覺怎麼	☐讚	☐還好	☐糟透了
2. 你對 [學生不喜歡的食物] 感覺怎麼樣？	☐讚	☐還好	☐糟透了
3. 你對 [最好的朋友] 有什麼看法？	☐讚	☐還好	☐糟透了
4. 你對 [學生真的不喜歡的活動] 感覺如何？	☐讚	☐還好	☐糟透了

- 繼續練習題，直到你確定學生正在回答真實感受。並嘗試找一些中性的事物或活動，讓學生可以回答「還好」。
- 務必保持中性的語調，以避免引導作答。
- 一旦您確定學生已理解如何回答問題，請將其答案記錄在下面每個問題的表格中。（有 12 個問題。）

基線期資料彙整紀錄表（續）

動機評估問卷

姓名：

日期：

以下各題請選出一個你覺得最合適的答案，你可以說「讚」，或是說「還好」，也可以說「糟透了」。

1. 如果有人念故事書給你聽，你感覺如何？
   □讚　□還好　□糟透了

2. 你覺得學習點字摸讀的感覺為何？
   □讚　□還好　□糟透了

3. 你覺得學習點寫點字的感覺為何？
   □讚　□還好　□糟透了

4. 你在學點字課時的感覺為何？
   □讚　□還好　□糟透了

5. 教師請你讀點字時的感覺為何？
   □讚　□還好　□糟透了

6. 教師請你點點字的感覺為何？
   □讚　□還好　□糟透了

7. 你在閱讀課讀故事書的感覺為何？
   □讚　□還好　□糟透了

8. 如果以閱讀取代遊戲你的感覺為何？
   □讚　□還好　□糟透了

9. 在你閱讀之後，教師問你相關的問題，你的感覺為何？
   □讚　□還好　□糟透了

10. 你閱讀故事書的感覺為何？
    □讚　□還好　□糟透了
    你以前有這樣的經驗嗎？
    □有　□沒有

11. 當你朗讀故事給朋友或年紀比你小的小朋友聽時，你感覺為何？
    □讚　□還好　□糟透了
    你以前有這樣的經驗嗎？
    □有　□沒有

基線期資料彙整紀錄表（續）

12. 你對閱讀測驗的感覺為何？
　　□讚　　□還好　　□糟透了
　　你以前有這樣的經驗嗎？
　　□有　　□沒有

教師對於動機的補充說明：

第二部分　閱讀

摸讀名字：每一列三個名字；共三列

- 用學生的名字和其他兩個長度接近的名字進行評估。其他名字可以是朋友或家庭成員的名字，其長度應與學生的名字接近。
- 自編類似於以下例題的點字評估表。在三行中分別使用學生名和兩個不同的名稱，每行有三個名字，每個名字之間有三個空格。每一行都將名字的順序打亂。
- 向學生說以下指導語：「摸讀每一行並找到你的名字。你不需要讀出其他名字，只要告訴我你的名字在哪裡。」
- 當學生閱讀時，不要提供口語或其他協助，以避免幫學生認出他的名字，也不要指出答案是否正確。學生可以改答案，以最後一個答案為計分依據（即使第一個答案是對的）。
- 記錄學生每三次可以找出他的名字幾次。

例題

評估 Jenny。用 Brian 和 Mommy 做干擾

Mommy	Brian	Jenny
Brian	enny	Mommy
Jenny	Mommy	Brian

學生姓名辨識率：　　　　　　　　　　/3

辨認文字

學生是否能認出任何點字？請列出：

辨認字母

使用以下字母表，採用三行兩倍行高的字母準備點字評估表，每個字母之間空三個點字空白鍵。

基線期資料彙整紀錄表（續）

g k v t b e o l h
z l j p f a x c r
u s q m w n d y

- 向學生說以下指導語：「這是一張未照順序排的字母表，沒有縮寫，請告訴我是什麼字母。如果你不知道是什麼字母，只要說『我不知道』，再繼續念其他字母。」
- 不要提供任何有可能幫學生辨識字母的口頭或其他協助，也不要指出答案是否正確。學生可以改答案，以最後一個答案為計分依據（即使第一個答案是對的）。
- 使用以上的字母表，將學生的答案記錄如下：
  ○ 在學生讀對的字母上記一個 +。
  ○ 在學生讀錯的字母上寫上正確答案。
  ○ 圈出學生不知道的字母。
  ○ 如果學生誤讀另一個字母作為該字母，請不要將字母統計為正確摸讀。（例如，如果學生摸讀 x 為 x，但摸讀 y 時也念 x，則兩個字母都算錯。）
  ○ 記錄學生正確的總字母數。_____ /26

辨識縮寫

學生認得任何縮寫嗎？請詳列於下：

第三部分　點寫

姓名點寫

學生可以自行使用點字機點寫名字嗎？

□是　□否

生字點寫

學生可以自行使用點字機點寫任何其他字詞嗎？

□是　□否

如果勾選是，請在下面列出這些詞，如果使用點字縮寫，請將該字用括號。

基線期資料彙整紀錄表（續）

字母點寫

學生可以自行使用點字機點寫任何字母嗎？

☐是　☐否

如果是，請將會寫的字母詳列於下方：

第四部分　音素覺識／自然發音

如果學生的評量記錄沒有像《早期基礎讀寫能力動態指標》（*Dynamic Indicators of Basic Early Literacy Skills*, DIBELS）或《德州基礎閱讀量表》（*Texas Primary Reading Inventory*, TPRI）的閱讀能力評量資料，認我行教師應與學區的教師合作，為學生做閱讀流暢度測驗。

王聖維、林祐鳳（譯）（2022）。**認我行點字教學法：個別化意義中心取向的點字素養教育**。心理。
本表格基於教育之目的可自行複製使用。

認我行點字教學法介入檢核表

1. 起手式並納入早期點字素養教學
   - □ 向學生展示點字中的字詞和字母。
   - □ 示範點字讀寫。
   - □ 為學生口述影像，以解釋環境中發生的事情。
   - □ 向學生朗讀有意義的故事。
   - □ 促進概念發展。
   - □ 介紹並讓學生探索寫作工具。
   - □ 建立有利於學生學習的環境。
   - □ 邀請其他人參與教學。

2. 選擇關鍵字
   - □ 使用學生選擇的關鍵詞彙。關鍵字的出處如下：
     - □ 與學生的對話中。
     - □ 對學生的觀察。
     - □ 與學生生活中重要他人（父母、任課教師、專業人員等）討論；與學生確認。
   - □ 回應學生對其他關鍵字的選擇，並將學生的喜好納入課程。
   - □ 從需求角度選擇字詞（例如，編故事時需要用到）。

3. 介紹關鍵字
   - □ 前幾個字詞應在長度、功能等方面具有獨特的觸覺特徵。
   - □ 為每個字詞製作多張字卡。
   - □ 字卡製作務必正確（引入線盡可能越長越好、適當的間距、正確的點字縮寫）。
   - □ 為學生說明字詞，但避免以考試方式進行。
   - □ 為學生展示如何使用字卡（找到引入線、雙手並用、引入線後的空格緊接著一個字）。
   - □ 完整介紹關鍵字；指出字的特徵。
   - □ 精熟練習。
   - □ 字卡背面使用防滑材質。
   - □ 字卡與家具完美契合。

4. 追蹤技巧教學
   - □ 將已說明的關鍵詞彙融入初始教學中。

認我行教學法介入檢核表（續）

- ☐ 融入有意義的「故事」。
- ☐ 確定行距至少是兩倍行高且長度相等。
- ☐ 確定引入線與字卡相同；關鍵詞彙前後都要空格。
- ☐ 示範雙手如何在線上移動（雙手合在一起，就像在字卡上一樣）。
- ☐ 示範摸讀時如何換行（雙手先回到本行開頭，再摸讀下一行）。
- ☐ 請學生找到字之後要做記號。
- ☐ 點字紙要用防滑背面。
- ☐ 確定每行的字詞數，與學生的程度相符（最初每行以一字為限，隨著識字能力提高而逐漸增加）。
- ☐ 課程難度緊隨學生能力提升（包括不同行寬、同時摸讀多行、適用單行間距的時機）。

5. 透過遊戲加強識字
   - ☐ 在遊戲中複習使用過的字詞（應選學生有把握的字詞）。
   - ☐ 教學生如何玩遊戲（包括練習遊戲）。
   - ☐ 確定可能參與遊戲的每個人知道如何玩遊戲。
   - ☐ 記錄學生和其他人玩哪些遊戲、玩遊戲時能夠使用哪些字詞，以及學生與誰一起玩遊戲。

6. 寫作指導
   - ☐ 使用後向連鎖策略（backward chaining）協助學生學習使用點字機。
   - ☐ 將寫作納入學習策略的每個部分。
   - ☐ 教學生如何正確的將手指擺放在字詞上（手指下方沒有捲曲或抬起）。
   - ☐ 教學生在點寫後檢查所寫的文字。

7. 字母／縮寫教學
   - ☐ 認讀字母可以單獨用關鍵詞彙的首字母練習。
   - ☐ 自編介紹字母用的字母卡。
   - ☐ 單獨使用字母玩遊戲。
   - ☐ 一起玩字母和字詞的遊戲。
   - ☐ 用關鍵詞彙的縮寫來練習認讀縮寫。

認我行教學法介入檢核表（續）

□ 解釋縮寫的樣子和它代表的字母；使用字母來辨識縮寫（例如，「這是『t-h-e』，不是『the』」）。

□ 介紹具有相同字母、讀音或縮寫的其他字詞供學生摸讀。

8. 字母拼讀法

□ 對學生有所回應（教師應認同學生對特定字母／聲音組合的興趣）；將興趣融入後續課程中。

□ 利用關鍵詞彙來構建拼讀課程。

□ 利用關鍵詞彙的起始／押韻規律。

□ 利用關鍵字的字形／音素規律。

□ 從先備知識中學新字；Word Wall 活動（在適當的時機使用 APH Word Playhouse）。

□ 用拼音玩遊戲；「tell me the real word」（Chunk Stacker 遊戲）。

9. 與學生一起創作故事

□ 使用關鍵詞彙（與學生一起）自編有意義的故事供學生閱讀。

□ 根據需要使用填充詞來自編故事。

□ 與學生共讀，直到學生可以獨立閱讀。

□ 為學生建立學習檔案，放入其創作並可以閱讀的故事。

□ 幫學生創造為他人說故事的機會。

10. 增加點字的功能性

□ 利用生活常規。

□ 利用假期。

□ 與孩童的專長做連結。

11. 擴大學生的讀寫詞彙量

□ 經由討論增加讀寫詞彙。

□ 利用故事增加讀寫詞彙。

□ 利用拼讀活動增加讀寫詞彙。

12. 建立流暢性

□ 結合日常練習自動辨識字詞。

□ 示範閱讀故事的韻律感。

認我行教學法介入檢核表（續）

☐ 提供支持流暢性的各種策略，如使用複述式朗讀（echo reading）、
錄音和重複閱讀（repeated readings）等。

☐ 注意故事措辭是否合宜。

☐ 為學生提供每天閱讀接續性文本的機會。

13. 持續記錄

☐ 在課程摘要表格中記錄每日課程（參見第 4 章和附錄）。

☐ 持續更新學生已學會的字詞，以及上述每個類別下的進度。

☐ 協助學生了解自己的進步並感受成功。

☐ 將進步轉化為 IEP 的目標。

王聖維、林祐鳳（譯）（2022）。**認我行點字教學法：個別化意義中心取向的點字素養教育**。心理。

本表格基於教育之目的可自行複製使用。

蒐集關鍵字的表單

用以蒐集字彙的提問	家庭	學校	社區
誰是與學生互動的重要人物？			
描述學生日常生活的詞彙為何？			
學生的嗜好，喜歡的事、物為何？			
描述學生學校活動和家務的詞彙為何？			

資料來源：Adapted with permission from Wormsley, D. P. (2000). *Braille literacy curriculum*. Philadelphia: Towers Press.

王聖維、林祐鳳（譯）（2022）。**認我行點字教學法：個別化意義中心取向的點字素養教育**。心理。

本表格基於教育之目的可自行複製使用。

字詞學習記錄、練習日期和精熟度

學生姓名：

字 [a]	教學日期	練習日期 [b]	精熟日期	9月 正確與否 [c]	10月 正確與否	11月 正確與否	12月 正確與否	1月 正確與否	2月 正確與否	3月 正確與否
bumpy ball K										
the F										
scratchy K										
ball K										
red F										
blue F										
yellow F										
likes F										
see F										
contract.)										
like K										
Mommy K										
cupcake K										
we F										
and F										
snow K										
it F										

[a] K = Key 關鍵詞；F = Filler 填充詞
[b] 每個上學日都會練習摸讀，有時一天會練習兩次。如果我不在學生的學校，學生的任課教師或是教師助理員，在學生想讀時會坐在旁邊。
[c] ＋＝認讀正確；一＝認讀錯誤

王聖維、林祐鳳（譯）（2022）。認我行點字教學法：個別化意義中心取向的點字素養教育。心理。
本表格基於教育之目的可自行複製使用。

課程摘要表

課程摘要表使用說明

此表用於規劃和記錄課程中實際發生的事件。

每節課使用一張。如果一天之中有二節課以上，每節課請使用新的表格。

第一欄請寫上學生姓名、日期以及與學生一起上課的人。並請在教學的開始和結束時填寫課程始末時間，以作為學生課程的時間紀錄。

單元

在本課程計畫的單元名稱下劃線。再圈出實際上課的內容。

課程計畫

在本欄記錄課程計畫。如果是提供諮詢，授課教師為其他人，請描述計畫應該涵蓋的內容。

教學／活動

此欄應詳實記錄課程中實際發生的經過。課堂活動進行也許可以嚴格遵循計畫，也可能會有所出入，說不定有出人意表的機會教育，或者有突發狀況發生（例如，消防演習既可以是突發的意外，也可以是機會教育）。

結果／建議

將課程的結果記錄在本欄，包括學生動機、教師動機或值得注意的事件（例如學生所說的事情，軼事等）。

課程摘要表（續）

日期：＿＿＿＿＿＿＿＿＿＿　　開始時間：＿＿＿＿＿＿＿＿＿＿

學生：＿＿＿＿＿＿＿＿＿＿　　結束時間：＿＿＿＿＿＿＿＿＿＿

教師／其他：＿＿＿＿＿＿＿＿＿

單元	課程計畫	教學／活動	結果／建議
	你的計畫為何？	你實際活動為何？	
• 起手式 • 關鍵詞教學 • 識字 • 追跡 • 閱讀故事 • 寫故事 • 拼音 • 寫作機制 • 認字母／縮寫 • 詞彙 • 理解力 • 其他：＿＿＿＿			

王聖維、林祐鳳（譯）（2022）。認我行點字教學法：個別化意義中心取向的點字素養教育。心理。
本表格基於教育之目的可自行複製使用。

點字機操作：技能的評估和順序

記錄說明： I = 技能介紹　　A = 通過協助獲得的技能　　M= 通過精通實現技能			
技能	I	A	M
1. 認識並使用點字機的以下部分： embossing bar 壓花條 spacing keys 字距鍵 backspacing key 倒退鍵 paper release levers 紙張釋放槓桿 paper feed knob 進紙旋鈕 embossing head lever 壓花頭槓桿 line spacing key 行間距鍵 support bar 支撐桿 feed roller 送料機 left paper stop 左停紙開關 warning bell 響戒鈴；警告鈴 handle 把手 cover 蓋子 margin stop 邊界停機指示器（左右各一，可預設邊界）			
2. 操作點字機： 將點字機正確放置在工作檯上。 將壓花頭移至正確位置。 將進紙旋鈕朝向自身以外的方向轉開。 朝自己的方向拉開紙張釋放槓桿。 一手放在紙托架，另一隻手操作關閉釋紙。 將紙捲入點字機，直到左停紙開關停止。 按下行間距鍵以固定紙張位置。 從點字機中取出紙張。 未使用時將點字機放在正確位置（盡可能將壓花頭向右移動，將紙張釋放槓桿打開，並蓋上機器）。			

資料來源：Wormsley, D. P., & D'Andrea, F. M. (Eds.). (1997). *Instructional strategies for braille literacy*. New York: AFB Press.

王聖維、林祐鳳（譯）（2022）。**認我行點字教學法：個別化意義中心取向的點字素養教育**。心理。

參考資料

教師可以在此為學習認我行點字教學法的學生找到閱讀資源。以下諸多網址資訊，隨時可在這些網站上搜尋相關信息。

➤ 全國性組織（視覺損傷）

美國盲人委員會（American Council of the Blind, ACB）
2200 Wilson Boulevard, Suite 650
Arlington, VA 22201-3354
(202) 467-5081; (800) 424-8666
Fax: (703) 465-5085
info@acb.org
www.acb.org

美國盲人基金會（American Foundation for the Blind, AFB）
2 Penn Plaza, Suite 1102
New York, NY 10121
(212) 502-7600; (800) 232-5463
TDD: (212) 502-7662
Fax: (888) 545-8331
info@afb.org
www.afb.org

美國點字印刷所（American Printing House for the Blind, APH）
1839 Frankfort Avenue
P.O. Box 6085
Louisville, KY 40206-0085
(502) 895-2405; (800) 223-1839
Fax: (502) 899-2284
info@aph.org
www.aph.org

盲與視覺缺損教育復健協會（Association for Education and Rehabilitation of the Blind and Visually Impaired, AER）
1703 N. Beauregard Street, Suite 440
Alexandria, VA 22311
(703) 671-4500; (877) 492-2708
Fax: (703) 671-6391
aer@aerbvi.org
http://aerbvi.org/

特殊需求兒童委員會（Council for Exceptional Children, CEC）
視覺損傷及視聽雙殊部（Division on Visual Impairments and Deafblindness, DVIB）
2900 Crystal Drive, Suite 1000
Arlington, VA 22202
(888) 232-7733
TTY: (866) 915-5000
Fax: (703) 264-9494
service@cec.sped.org
http://community.cec.sped.org
http://community.cec.sped.org/dvi/home

Hadley 盲校（Hadley School for the Blind）
700 Elm Street
Winnetka, IL 60093
(847) 446-8111; (800) 323-4238
TTY: (847) 441-8111
Fax: (847) 446-9820
info@hadley.edu
www.hadley.edu

全美點字協會（National Braille Association）
95 Allens Creek Road, Bldg. 1,
Suite 202
Rochester, NY 14618
(585) 427-8260
Fax: (585) 427-0263
nbaoffice@nationalbraille.org
www.nationalbraille.org

全美盲人協會（National Federation of the Blind, NFB）
200 East Wells Street at Jernigan Place
Baltimore, MD 21230
(410) 659-9314
Fax: (410) 685-5653
nfb@nfb.org
https://nfb.org/

美國國會圖書館盲與肢體障礙人士服務（National Library Service for the Blind and Physically Handicapped, NLS）
Library of Congress
1291 Taylor Street, NW
Washington, DC 20542
(202) 707-5100; (800) 424-8567
TDD: (202) 707-0744
Fax: (202) 707-0712
nls@loc.gov
www.loc.gov/nls/

柏金斯盲校（Perkins School for the Blind）
175 North Beacon Street
Watertown, MA 02472
(617) 924-3434
info@perkins.org
www.perkins.org

德州盲人及視障者學校（Texas School for the Blind and Visually Impaired, TSBVI）

1100 W. 45th Street

Austin, TX 78756

(800) 872-5273

Fax: (512) 206-9453

www.tsbvi.edu

➢ 全國性／國際組織（素養相關）

國際素養協會（前國際閱讀協會）〔International Literacy Association（formerly International Reading Association）〕

P.O. Box 8139

Newark, DE 19714-8139

800 Barksdale Road

Newark, DE 19711-3204

(800) 336-7323 (US and Canada);

(302) 731-1600 (all other countries)

Fax: (302) 731-1057

customerservice@reading.org

www.literacyworldwide.org

素養研究協會（Literacy Research Association）

222 S. Westmonte Drive, Suite 101

Altamonte Springs, FL 32714

(407) 774-7880

Fax: (407) 774-6440

www.literacyresearchassociation.org

➤ 兒童點字書及雜誌

鼓勵孩童快樂的閱讀，從而提高閱讀技巧，無論是印刷文本或是點字書，對於父母和教師而言都是挑戰。激勵孩童閱讀的絕佳方式，提供給孩童饒富興味的讀物。

以下羅列在美國借閱或購買點字書／雙視點字書、雜誌的相關資訊。欲知產品、價格詳情，請與各單位連繫。

書籍

美國點字印刷所（American Printing House for the Blind, APH）
839 Frankfort Avenue
P.O. Box 6085
Louisville, KY 40206-0085
(502) 895-2405; (800) 223-1839
Fax: (502) 899-2284
info@aph.org
www.aph.org
販售專書《素養築路》（*On the Way to Literacy*），含印刷文本、點字書及點字圖書。同時也提供點字童書、啟蒙教材及 Early Trade Books 叢書和網頁。

美國點字學會（Braille Institute of America）
741 North Vermont Avenue
Los Angeles, CA 90029
(323) 663-1111; (800) 272-4553
Fax: (323) 663-0867
la@brailleinstitute.org
www.brailleinstitute.org
出版點字書《視盼》（*Expectations*，暫譯），並免費提供給學童。當中精選適齡的故事，並附有可重覆黏貼的紙卡。本書在每年聖誕節前後寄送，也提供夏季號的《點道為指》（*Brailleways*，暫譯）。可去信美國點字學會索取書單，學會也提供其他（含雙視）點字書備取。

點字國際（Braille International）

3290 SE Slater Street

Stuart, FL 34997

(772) 286-8366; (800) 336-3142

Fax: (772) 286-8909

info@brailleintl.org

提供 William T. Thomas 書局中老少咸宜的書。其中有介紹美國各州、華盛頓特區（Washington D.C.）及波多黎各（Puerto Rico）資訊的參考叢書：*State Books Series*。此外還有 *One to Grow On!* 系列童書的有聲書及雙視圖書。也提供如《褓姆俱樂部》（*Baby-Sitters Club*）等其他暢銷書。

點字圖書館及轉錄服務（Braille Library and Transcribing Services）

517 North Segoe Road, Suite 200

Madison, WI 53705

(608) 233-0222

Fax: (608) 233-0249

office.blts@tds.net

http://bltsinc.org

提供點字書、雙視圖書借閱及購買服務。全套《美國女孩》（*American Girl*，待譯）皆以低於紙本書的價格販售。有目錄可供查詢。

協童圖書中心〔Coooperative Children's Book Center（前 Comprehensive Children's Book Center, CCBC）〕

School of Education University of Wisconsin–Madison

401 Teacher Education

225 N. Mills Street

Madison, WI 53706

(608) 263-3720

ccbcinfo@education.wisc.edu

ccbc.education.wisc.edu

該中心是一個研究型的圖書館，其功能是審查、研究及維護那些為了兒童和青年人而出版的各類新書，以及回顧型和歷史性的書籍。

Kenneth Jernigan 盲童圖書館（Kenneth Jernigan Library for Blind Children）
美國盲童及盲人行動基金（American Action Fund for Blind Children and Adults）
18440 Oxnard Street
Tarzana, CA 91356
(818) 343-3219
JerniganLibrary@actionfund.org
www.actionfund.org
管理一個雙視點字及點字書圖書館，提供適合學前到高中學子閱讀程度及興趣的書。以書面向美國盲童及盲人行動基金申請，即可直接將書郵寄至學童家中或學校。也提供聾盲雙障人士免費點字日曆及週報，無償提供所有服務。

國家點字出版社（National Braille Press）
88 St. Stephen Street
Boston, MA 02115
(617) 266-6160; (800) 548-7323 ext.520
Fax: (617) 437-0456
orders@nbp.org
www.nbp.org
特別為學前及小學學童建立兒童點字書俱樂部。俱樂部提供點字翻譯服務，將當紅的繪本，附上以透明塑膠製作的點字卡。加入俱樂部免收會員費，買多買少，隨心所欲。

美國國會圖書館盲與肢體障礙人士服務（National Library Service for the Blind and Physically Handicapped, NLS）

Library of Congress

1291 Taylor Street, NW

Washington, DC 20542

(202) 707-5100; (800) 424-8567

TDD: (202) 707-0744

Fax: (202) 707-0712

nls@loc.gov

www.loc.gov/nls/

出借各種點字書籍，可致電各地圖書館或 NLS 以獲取相關訊息及申請。NLS 編輯了一份按各州名字母排列的目錄，更免費提供大字及點字格式。該目錄羅列了為低視力者提供點字翻譯、錄製有聲書或其他閱讀媒材的志工及志工團體。

小樹苗點字童書（Seedlings Braille Books for Children）

P.O. Box 51924

Livonia, MI 48151-5924

(734) 427-8552; (800) 777-8552

info@seedlings.org

www.seedlings.org

以合理的價格提供 14 歲以下的點字使用者 650 多種圖書。包括學前印刷及點字繪本；啟蒙印刷、點字書；也有到國中閱讀程度，涵蓋各種主題的未縮寫點字章節書。小樹苗也透過 Rose Project（美國慈善機構）提供免費的點字版世界百科全書。

雜誌

美國點字印刷所（American Printing House for the Blind, APH）
1839 Frankfort Avenue
P.O. Box 6085
Louisville, KY 40206-0085
 (502) 895-2405; (800) 223-1839
Fax: (502) 899-2284
info@aph.org
www.aph.org

從 9 月到 5 月提供各種刊物。《我的週刊》（*My Weekly Reader*，無中文版）聚焦於時事，是提供給二到六年級的學術期刊。《世界這麼大》（*Know Your World Extra!*，無中文版）則適合 10～16 歲閱讀困難的少年。此外尚提供《新聞與新知》（*Current Events and Current Science*，無中文版）。相關訂閱訊息，請電洽或書函美國點字印刷所。

基督紀事盲人服務（Christian Record Services for the Blind）
4444 South 52nd Street
Lincoln, NE 68516
(402) 488-0981
Fax: (402) 488-7582
nfo@christianrecord.org
www.christianrecord.org

出版兩種免費點字季刊。《兒童之友》（*Children's Friend*，無中文版）是童話，《年輕人與生命》（*Children's Friend*，無中文版）則為青少年出版冒險小説與靈修文藝。

路德會盲人圖書館（Lutheran Library for the Blind）
路得會點字工作坊（Lutheran Braille Workers）
13471 California Street
Yucaipa, CA 92399
(909) 795-8970; (800) 215-2455
LLB@lbwinc.org
www.lbwinc.org/library
免費提供四種刊物。《喜樂時報》（*Happy Times*，無中文版）是一本專為
6～8 歲兒童出版的宗教性月刊。《我的榮幸》（*My Pleasure*，無中文版）
也是月刊，內容適合 9～12 歲的兒童。《我的奉獻》（*My Devotions*，
無中文版）每月為 8～13 歲的兒童說明每日奉獻的價值。《青少年時報》
（*Teen Time*，無中文版）每年出版八期，內容是寫給青年人的宗教故事。

美國國會圖書館盲與肢體障礙人士服務（National Library Service for the
Blind and Physically Handicapped, NLS）
Library of Congress
1291 Taylor Street, NW
Washington, DC 20542
(202) 707-5100; (800) 424-8567
TDD: (202) 707-0744
Fax: (202) 707-0712
nls@loc.gov
www.loc.gov/nls/
為各年齡的兒童提供多種雜誌，包括《男孩的生活》（*Boys' Life*，無中文
版）、《繆思》（*Muse*，無中文版）、《蜘蛛：給孩子的雜誌》（*Spider:
The Magazine for Children*，無中文版）、《石頭湯》（*Stone Soup*，無
中文版）及《17 歲》（*Seventeen*，無中文版）。可向您所在當地的 NLS
分館取用，免費訂閱。

➢ 高興趣低詞彙書籍（High-Interest Low-Vocabulary Books, Hi-Lo Books）

以下羅列出版社的書都是印刷文本，只有美國點字印刷所提供大字書及點字版。教師可以搜尋學生可能感興趣的書目主題，再搜索由美國點字印刷所維護的 Louis 資料庫或書中所提的點字書出版商，查看這些書是否有點字版。如果尚未有點字版，可以透過國家圖書館服務（請參閱全國性／國際組織部分）的點譯單位或美國點字印刷所，點譯為點字書。

學術交流協會（Academic Communication Associates）
P.O. Box 4279
Oceanside,
CA 92052-4279
(760) 722-9593; (888) 758-9558
www.acadcom.com

學術治療出版物（Academic Therapy Publications, High Noon Books）
20 Leveroni Court
Novato, CA 94949-5746
(800) 422-7249
Fax: (888) 287-9975
www.highnoonbooks.com

美國點字印刷所（American Printing House for the Blind, APH）
1839 Frankfort Avenue
P.O. Box 6085
Louisville, KY 40206-0085
(502) 895-2405; (800) 223-1839
Fax: (502) 899-2284
info@aph.org
www.aph.org

Capstone 出版社（Capstone Press）
1710 Roe Crest Drive
North Mankato, MN 56003
(800) 747-4992
Fax: (888) 262-0705
www.capstonepub.com

Houghton Mifflin Harcourt 學前到高中學習困難協助方案（Houghton Mifflin Harcourt Pre-K–12）
9400 Southpark Center Loop
Orlando, FL 32819
(407) 345-2000; (800) 225-5425
www.hmhco.com/classroom

Lakeshore 學習教材（Lakeshore Learning Materials）
2695 E. Dominguez Street
Carson, CA 90895
(310) 537-8600; (800) 778-4456
Fax: (800) 537-5403
lakeshore@lakeshorelearning.com
www.lakeshorelearning.com

Lerner 出版集團（Lerner Publishing Group）
1251 Washington Avenue North
Minneapolis, MN 55401
(800) 328-4929
Fax: (800) 332-1132
info@lernerbooks.com
www.lernerbooks.com

New Readers 出版社（New Readers Press）
104 Marcellus Street
Syracuse, NY 13204
(800) 448-8878
Fax: (866) 894-2100
www.newreaderspress.com

完善學習學習資源（Perfection Learning）
1000 North Second Avenue
P.O. Box 500
Logan, IA 51546-0500
(800) 831-4190
Fax: (800) 543-2745
orders@perfectionlearning.com
www.perfectionlearning.com

Saddleback 教育出版（Saddleback Educational Publishing）
3120-A Pullman St.
Costa Mesa, CA 92626
(714) 640-5200; (800) 637-8715
Fax: (888) 734-4010
www.sdlback.com

➤ 可預測及坊間市售書籍（Predictable and Trade Books）

可預測圖書

教育資源中心（Educational Resource Center）

library.bridgew.edu/maxweb/pdf/predictable.pdf

實用講義：透過可預測圖書學習（Handy Handouts: Learning through Predictable Books）

www.superduperinc.com/handouts/pdf/278_PredictableBooks.pdf

可預測類型圖書

literacy.kent.edu/Oasis/Pubs/patterns.html

建議的可預測圖書類型

pabook.libraries.psu.edu/familylit/LessonPlan/rover/ParentEducation/
Types_of_Predictable_Books_Charts.pdf

Wisconsin 大學 Oshkosh 校區

www.uwosh.edu/library/emc/bibliographies/emc-bibliographies/
predictable-books

市售圖書

威斯康辛大學麥迪遜分校教育學院綜合兒童圖書中心（Comprehensive Children's Book Center, School of Education, University of Wisconsin–Madison）

http://ccbc.education.wisc.edu/books/bibBio.asp

美國點字印刷所售點字入門書

https://tech.aph.org/ebt/

➢ 識字教學資源

基本單字閱讀清單

www.wilkinsfarago.com.au/PDFs/Reading_Spelling_Lists.pdf

常用字韻列表

www.cram.com/flashcards/37-most-common-rimes-255531

閱讀火箭

www.readingrockets.org/strategies/onset_rime

輔助科技廠商（Spectronics）

www.spectronics.com.au/article/onset-rime-word-families

➢ 評量工具

早期基礎讀寫能力動態指標（Dynamic Indicators of Basic Early Literacy Skills, DIBELS）

https://dibels.uoregon.edu/

德州基礎閱讀量表（Texas Primary Reading Inventory, TPRI）

https://www.tpri.org/index.html

➤ 產品相關資源

這節列出本書所提產品相關資源

美國點字印刷所（American Printing House for the Blind, APH）

1839 Frankfort Avenue

P.O. Box 6085

Louisville, KY 40206-0085

(502) 895-2405; (800) 223-1839

Fax: (502) 899-2284

info@aph.org

www.aph.org

產銷各種教育及日常生活用品，包括點字學習板（Swing Cell）、Pop-A-Cell、點字板、點字機、點字紙繪圖器、點字學習版、點字骰子、點字日曆、熱印機及點字紙。生產各式各樣教具及日用品；開發、維護電腦軟硬體；支持教育研究並發展教學法與輔助科技；提供志工為低視力學生製作，各種媒材教科書的服務目錄，及其他資源或相關教材的訊息。

出色教學網路商城（Exceptional Teaching）

P.O. Box 2330

Livermore, CA 94550

(925) 961-9200; (800) 549-6999

Fax: (925) 961-9201

info@exceptionalteaching.com

www.exceptionalteaching.com

特別為特殊需求兒童製銷各式教材及課程，包括觸覺標點、彩色蠟條組（Wikki Stix）、防滑墊和點字橡膠墊。

FlagHouse 體育用品

601 FlagHouse Drive

Hasbrouck Heights, NJ 07604-3116

(201) 288-7600; (800) 793-7900

info@flaghouse.com

www.flaghouse.com

銷售各式產品，包括 Dycem 防滑產品。

HumanWare 科技輔具

1 UPS Way

P.O. Box 800

Champlain, NY 12919

(800) 722-3393

Fax: (888) 871-4828

info@humanware.com

www.humanware.com

銷售電子本和附有點字顯示器的 Mountbatten brailler 點字機等各項產品。

柏金斯盲校（Perkins）

175 North Beacon Street

Watertown, MA 02472

(617) 924-3434

info@perkins.org

www.Perkins.org

產銷單手型等不同型號的點字機、點字板、點字紙及單手型點字機的擴充鍵。

專有名詞英中對照

academic reading　學術閱讀

advanced reading　進階閱讀

American Printing House for the Blind，簡稱 APH　美國點字印刷所

analogy　類比法

back-spacing key　倒退鍵

backward chaining　後向連鎖策略

beginning reading　初階閱讀

braille cells　點字方

bumpy ball　觸覺球、刺刺球

choral reading　齊聲朗讀

consolidated alphabet phase　字母鞏固期

consonant blends　子音群

continuous text　接續性文本

developmental delays　發展遲緩

Dynamic Indicators of Basic Early Literacy Skills，簡稱 DIBELS　早期基礎
　　讀寫能力動態指標

echo reading　複述式朗讀

electronic braille notetakers　電子點字書

embossing head lever　壓花頭槓桿

embossing head　壓花頭

emergent reading　讀寫萌發

feed roller　進紙滾軸

full alphabetic phase　全字母期

generalize　類化

grapheme/phoneme　書寫單位、圖形單位、字素、字母

grooved roller　凹槽滾軸

handle　把手

inflection　聲調

initial consonants　聲母

initial sounds of a word　頭音

intonation　語調

keys　點字按鍵

language experience approach　語言經驗學習法

lead-in line　引入線

lead-out line　引出線

left paper stop　左停紙開關

letter-sound　字形—語音

letter-word-sound materials　字音拼讀教材

line spacing key　行間距鍵

logographic　視覺線索

margin stops　邊界停機指定器

Mountbatten Brailler　電動點字印表機

onset/rime　首尾音

onsets and rimes　首尾音

oral reading　念讀

paired reading　配對式閱讀

paper feed knobs　進紙旋鈕

paper release levers　紙張釋放槓桿

paper support bar　支撐桿

parallel reading　平行閱讀

partial alphabetic phase　部分字母期

Perkins Brailler　柏金斯點字機

Perkins SMART Brailler　智慧型點字機

phonemic awareness skills　音素覺識技能

phonics instruction　字母拼讀法

phonics　拼讀、自然發音法

phonological processing　聲韻處理

phrasing　斷詞

pitch　音程

pre-alphabetic phase　前字母期

predictable book　可預測讀本

print awareness　文字覺識

print/braille book　雙視點字書

prosody　韻律

repeated readings　重複閱讀

scrub　摩擦

sight words　瞬識字

spacing key　字距鍵

spelling patterns　拼字規則

stress　重音

stripper plate　點字臺

tactile drawings　立體影像

Talking Card Reader　語音讀卡機

task analysis　工作分析

think aloud approach　放聲思考法

tracking　追蹤

visual cue　視覺提示

vowel digraphs　複合母音

vowel　元音、韻母

warning bell　警戒鈴；警告鈴

whole-to-part approach　整體至部分教學法

wikki stix　彩色蠟條

word endings　字尾

word family endings　尾韻

word family　單字家族

國家圖書館出版品預行編目（CIP）資料

認我行點字教學法：個別化意義中心取向的點字素養
教育／Diane P. Wormsley 著；王聖維，林祐鳳譯.
-- 初版 .-- 新北市：心理出版社股份有限公司，2022.07
面； 公分 . --（障礙教育系列；63174）
譯自：I-M-ABLE : individualized meaning-centered
approach to braille literacy education.
ISBN 978-986-0744-78-1（平裝）

1.CST：視障教育　2.CST：教學法

529.655　　　　　　　　　　　　　　　111005511

障礙教育系列 63174

認我行點字教學法：
個別化意義中心取向的點字素養教育

作　　者：Diane P. Wormsley
譯　　者：王聖維、林祐鳳
執行編輯：高碧嶸
總 編 輯：林敬堯
發 行 人：洪有義
出 版 者：心理出版社股份有限公司
地　　址：231026 新北市新店區光明街 288 號 7 樓
電　　話：(02) 29150566
傳　　真：(02) 29152928
郵撥帳號：19293172　心理出版社股份有限公司
網　　址：https://www.psy.com.tw
電子信箱：psychoco@ms15.hinet.net
排 版 者：龍虎電腦排版股份有限公司
印 刷 者：龍虎電腦排版股份有限公司
初版一刷：2022 年 7 月
I S B N：978-986-0744-78-1
定　　價：新台幣 280 元